I0421045

Os Escritos
da
Última Geração
e
A Nação

Rav Yehuda Ashlag

Os Escritos
Da
Última Geração
E
A Nação

LAITMAN
KABBALAH
PUBLISHERS

Rav Yehuda Ashlag

Os Escritos da Última Geração

&

A Nação

Copyright © 2015 para Michael Laitman

Todos os direitos reservados

Publicado por Laitman Kabbalah Publishers

www.bundleofreeds.com contact@bundleofreeds.com

1057 Steeles Avenue West, Suite 532, Toronto,

ON, M2R 3X1, Canada

2009 85th Street #51, Brooklyn, New York, 11214, USA

Nenhuma parte deste livro pode ser usada ou reproduzida de qualquer forma sem a permissão por escrito da editora, exceto no caso de breves citações em artigos ou críticas.

Layout: Eugene Nemirovsky, Chaim Ratz

Capa: Inna Smirnova

Tradução para o português: Grupo de Portugal

Coordenação e Revisão: Andie Sheppard

Pós-produção: Uri Laitman

Primeira Edição: agosto de 2015

Primeira impressão

Sumário

Notas do Editor..9

Introdução aos Escritos da 10

Última Geração..10

Um Chamado para os Escolhidos Estudarem a Cabala 12

Minha Voz que Está no Shofar [Chifre], Por que veio?....................12

O Positivo..20

O Negativo...24

Um Regime Não Pode Existir com Lanças Para Sempre...................25

O Hábito das Ondas de Ódio e Inveja Mais Tarde Se Virará Contra os Atrasados 25

Comunismo Egoísta Sempre Estará...25

Em Guerra com o Público 25

Israel Está Qualificada Para Dar...26

Um Exemplo a Todas as Nações 26

A Filosofia Está Pronta, Ou Seja Cabala Baseada em Religião.........26

Debate 27

Notícias..29

Apêndices 30

E 30

Rascunhos..30

Seção Um 30

O Positivo...31

O Negativo..31

SEÇÃO DOIS 33

SEÇÃO TRÊS..34

SEÇÃO QUATRO 35

SEÇÃO CINCO 35

SEÇÃO SEIS 35

SEÇÃO SETE...37

SEÇÃO OITO 37

SEÇÃO NOVE 38

SEÇÃO DEZ 39

SEÇÃO ONZE..39

SEÇÃO DOZE..42

Circulação...42

SEÇÃO TREZE...44

SEÇÃO QUATORZE..45

A DIFERENÇA ENTRE MIM E SCHOPENHAUER...........................45

LÍDERES DA GERAÇÃO...46

AÇÃO ANTES DO PENSAMENTO..47

TRÊS POSTULADOS [AXIOMAS]..47

VERDADE E FALSIDADE...47

    [Nova página]...47

OPINIÃO PESSOAL E OPINIÃO PÚBLICA......................................48

A CORRUPÇÃO NA OPINIÃO PÚBLICA...48

A ORIGEM DA DEMOCRACIA E SOCIALISMO................................49

A CONTRADIÇÃO ENTRE DEMOCRACIA E SOCIALISMO.................49

    [Nova página]...49

CONTATO COM ELE..49

....50

    [Nova página]...50

Reconstruindo o Mundo...50

O NAZISMO NÃO É UM RESULTADO DA ALEMANHA.....................51

Um Conselho...51

Nihilismo...51

Monismo Materialista...52

Fora Deste Mundo...52

O Que Está Fora Deste Mundo?...52

    [Nova página]...53

A Essência Da Religião...53

Os Líderes Do Público..53

Percepção Do Mundo...53

A Essência Da Corrupção E Correção Na Opinião Pública 54

Quantidade Vs. Qualidade..54

A Maioria É Tão Primitiva Como O Homem Pré-Histórico 54

A Mais Célere Ação É A Religião...54

    [Nova página]...54

OS PRODÍGIOS..54

Teologia..55

Causalidade E Escolha...55

Caminho Da Torá..56

    [Nova página]..56

Boas Acções E Mitzvot..56

Tendência Da Vida...57

Propósito Da Vida..57

Duas Escravidões No Mundo..57

SEÇÃO UM..59

    Comunismo Pragmático..59

    Vantagens..59

SEÇÃO DOIS...60

    Opinião Privada e Opinião Pública..60

    A Corrupção da Opinião Pública: os Poderosos........................60

    A Nova Estrutura..60

    Logo, o Nazismo Não É uma Patente Alemã.............................61

    Nazismo É o Fruto do Socialismo..61

        [Nova página]..61

    Pragmatismo...61

    A Direção da Vida:...62

    Verdade e Falsidade..62

        [Nova página]..62

    Necessidade..62

    O Que É uma Necessidade Emocional?......................................62

    A Moralidade das Condutas...63

O Egoísmo do Público Pode Ser Corrigido...63

    Somente pela Religião...63

    Egoísmo Natural..63

    Duplo Benefício..63

    Poder Motivador..63

        [Nova página]..63

    O Permanecer da Alma...64

    Cinco Sentidos...64

    Luxos E Propriedades Acumuladas...65

Paralelismo Psicofísico 65

   [Nova página] 65

A Causa Raiz de Todo o Erro no Mundo 65

   Benefício, de Facto, Cada Um O Admite 66

   Benefício Duplo 66

   [Nova página] 66

Um Vago Complexo que Deve Ser Resolvido 66

Um de Cada Vez 66

   Conhecimento 66

SEÇÃO UM 67

   [Nova página] 67

SEÇÃO DOIS 68

   Pois então cada pessoa 68

SEÇÃO TRÊS 69

Plano A 70

Plano B 70

Plano C 70

   Fé nas Massas 70

Não Destrua 73

   [Nova página] 74

A Profecia de Marx Tornou-se Realidade? 75

Enterrado na Sua Própria Teoria 75

   [Nova página] 75

Política Defeituosa 76

Nova Divisão de Classes: Velozes e Inativos 77

A Chegada do Redentor 78

   [Nova página] 78

Uma Última Palavra de Política 78

   [Nova página] 79

O Anterior de uma Ideia 80

A Verdade Absoluta 80

   [Nova página] 80

Apressar Seu Amadurecimento: através da Religião 80

A primeira página de A Nação 83

Nossa Intenção 83

O Individuo E A Nação 84

O Nome Da Nação,A Língua E A Terra 89

A Respeito Da Questão Do Dia 104

Palco Público 105

Leituras Adicionais 106

    O Zohar: anotações ao Comentário do Ashlag 106

    O Sábio Coração: Contos e Alegorias por três Sábios Contemporâneos 106

    Cabalá para o Estudante 107

    O Cabalista 108

    Contato: 108

Notas do Editor

Os manuscritos destes escritos estão armazenados no arquivo do Instituto ARI.

O processo de publicação foi algo complicado devido à condição dos manuscritos e devido à grande densidade dos textos. Primeiro, localizámos todos os escritos que pertencem aos "Escritos da Última Geração" pelo seu conteúdo. Subsequentemente, meticulosamente copiámos os textos sem quaisquer correções de erratas ou edição. Onde não pudemos decifrar uma palavra ou parte de uma palavra, a marcámos com elipses [...].

Dividimos os escritos em cinco partes e uma introdução, de acordo com sua aparição nos manuscritos. Deve ser notado que a ordem das partes foi feita por nós. Todos os títulos nos escritos foram dados pelo próprio Baal HaSulam e onde teve de ser acrescentada a marcação de um título usámos somente as letras ABC.

Devemos prestar muita atenção à porção enorme em "Os Escritos da Última Geração," Parte Um. De acordo com o manuscrito, o material está de facto dividido em dois: 1) Ensaio, 2) Apêndices e rascunhos do ensaio.

O Editor

Introdução aos Escritos da

Última Geração

Há uma alegoria sobre amigos que se perderam no deserto, esfomeados e com sede. Um deles encontrou um acampamento preenchido abundantemente com todas as delícias. Ele recordou-se de seus pobres irmãos, mas já se havia afastado deles e não sabia do seu paradeiro. O que fez ele? Ele começou a gritar alto e a soprar o chifre; talvez seus pobres e esfomeados irmãos pudessem escutar sua voz, o aproximar e chegarem a esse abundante acampamento que está preenchido com todas as delícias.

Assim é a questão perante nós: Perdemo-nos num terrível deserto juntamente com toda a humanidade, e agora encontrámos um grande e abundante tesouro, nomeadamente os livros da Cabala no tesouro. Eles satisfazem nossas almas desejosas e preenchem-nos abundantemente com exuberância e contentamento; somos saciados e ainda há mais.

Todavia, recordamos nossos amigos, que foram deixados no terrível deserto. Há uma grande distância entre nós, e palavras não a conseguem cruzar. Por esta razão, montámos este chifre para soprar alto para que nossos irmãos possam escutar e se aproximar e serem tão felizes como nós somos.

Saibam, nossos irmãos, nossa carne, que a essência da sabedoria da Cabala é o conhecimento de como o mundo desceu do seu lugar elevado e celestial, até ter alcançado nosso ignóbil estado. Esta realidade era necessária, pois "o fim de uma ação está no pensamento inicial", e Seu pensamento atua instantaneamente, pois Ele não precisa de instrumentos para trabalhar como nós. Assim, fomos emanados na Infinidade em absoluta perfeição desde o início, e de lá viemos para este mundo.

A vantagem do homem sobre ela é que o espírito do homem ascende ao passado, e olha para o passado como um olha para o espelho e vê os seus defeitos de modo É deste modo muito fácil encontrar todas as futuras correções, que estão destinadas a vir, dos mundos perfeitos que nos precederam. Através disso saberemos como corrigir nossos caminhos doravante, como a vantagem do homem sobre a besta, onde o espírito da besta desce, ou seja, que vê somente de si mesma para a frente, sem o intelecto ou sabedoria para olhar para o passado de modo a corrigir o futuro a corrigi-los. Similarmente, a mente ve aquilo que ela passou, e corrige suas futuras condutas.

Logo, as bestas não evoluem; elas são imóveis, no mesmo estado em que foram criadas, pois elas não têm, como tem o homem, o espelho através do qual corrigir as coisas e gradualmente evoluir. O homem desenvolve-se dia após dia até que seu mérito seja sentido e assegurado, e ele montará altos planetas.

Mas tudo isso se refere à natureza fora de nós, a natureza da realidade circundante, nossos alimentos e afazeres mundanos. Para isto, a mente natural é suficiente quanto baste.

Contudo, internamente, nos nossos seres, embora evoluamos um pouco, evoluímos e melhoramos ao sermos empurrados por trás através de sofrimento e derramamento de sangue. Isto assim é porque não temos táctica pela qual obter o espelho para ver dentro do homem, que eles tinham em passadas gerações.

É tanto quanto o mais a respeito do interior das almas e dos mundos, e como eles chegaram a tão triste ruína como a de hoje, onde não temos segurança nas nossas vidas. Seremos sujeitos a todos os tipos de massacres e morte em anos vindouros, e todos admitem que não têm conselho para o prevenir.

Imaginai, por exemplo, que certo livro histórico havia sido encontrado hoje, descrevendo as últimas gerações a dez mil anos daqui. Como sentimos, a lição do sofrimento e tormenta certamente serão suficientes para os reformar de uma boa maneira.

E estas pessoas têm perante elas boas ordens, suficientes para fornecer certeza e complacência. E no mínimo, garantir suas vidas diárias em paz e sossego.

Não há dúvida que se certo sábio nos oferecesse um livro da política e conduta pessoal, nossos líderes procurariam todo o conselho para ordenar a vida em correspondência, e não haveria "nenhum clamor em lugares amplos". Corrupção e o terrível sofrimento cessariam, e cada coisa chegaria pacificamente ao seu lugar.

Agora, distintos leitores, este livro repousa aqui perante vós num armário. Ele afirma explicitamente toda a sabedoria do estadismo e as condutas da vida pública e privada que existirão no fim dos dias, ou seja, os livros da Cabala [no manuscrito, antes do texto que aqui começa, estava escrito, "Eles são a perfeição que precede a imperfeição"]. Nele, os mundos corrigidos que emergiram com perfeição estão dispostos, como se diz, a perfeição emerge primeiro do Criador, então nós a corrigimos e chegamos à perfeição que existe no Mundo Superior, emergindo desde Ein Sof [infinito], como em "o fim de uma ação está no pensamento inicial". Porque o incompleto se prolonga gradualmente a partir do completo, e não há ausência no espiritual, todos eles permanecem existindo e descritos na sua completa perfeição, no particular e no geral, na sabedoria da Cabala.

Abram estes livros e descobrireis todas as boas ordens que aparecerão no fim dos dias, e descobrireis dentro delas a boa lição pela qual ordenar os assuntos mundanos hoje também, pois podemos aprender do passado e com isso corrigimos o futuro.

Um Chamado para os Escolhidos Estudarem a Cabala

Eu, o escritor, conheço-me e ao meu lugar, que não estou entre os melhores na espécie humana. E se um tal como eu hoje trabalhou e achou tudo isto nos livros ocultos dentro dos nossos armários, não há sombra de dúvida que se os escolhidos na geração mergulharem nestes livros, tanta da felicidade e tesouro estarão disponíveis para eles e para o mundo inteiro.

Minha Voz que Está no Shofar [Chifre], Por que veio?

Eu vi tudo isso, e não mais me consigo abster a mim mesmo. Resolvi divulgar minhas observações do que descobri escrito nesses livros, a respeito das condutas da correção de nosso futuro definido. E saio e evoco aos povos do mundo com este chifre. Acredito e estimo que seja suficiente para reunir todos os escolhidos para começarem a estudar e mergulhar nos livros, para que se possam sentenciar a si mesmos e ao mundo inteiro a uma escala de mérito.

Parte Um

A base de meu inteiro comentário é a vontade de receber que se encontra impressa em cada criatura e que é disparidade de forma com o Criador. Assim, a alma se separou d'Ele como um órgão é separado do corpo, dado que disparidade de forma na espiritualidade é como um machado separador na corporeidade. É deste modo claro que o que o Criador quer de nós é equivalência de forma, altura a qual nos apegaremos a Ele uma vez mais, como antes de sermos criados.

Nossos sábios disseram: "Apegai-vos aos Seus atributos; como Ele é misericordioso, etc.". Significa isso que nós devemos alterar nosso atributo, que é a vontade de receber, e adoptar o atributo do Criador, que é somente doar, para que todas as nossas ações sejam somente para doar sobre nossos semelhantes e os beneficiar o melhor que pudermos.

Com isso chegamos à meta de nos apegarmos a Ele, que é equivalência de forma. Aquilo ao qual um é obrigado a fazer por si mesmo, nomeadamente o mínimo necessário para o sustento de si mesmo e da sua família, não é disparidade de forma, pois "Necessidade não é condenada nem louvada". Esta é a grande revelação que será somente revelada inteiramente nos dias do Messias. Quando este ensinamento for recebido, seremos recompensados com completa redenção.

Já disse que há dois caminhos para descobrir a completude: o caminho da Torá ou o caminho do sofrimento.

Assim, o Criador deu à humanidade a tecnologia, até que tivessem inventado o átomo e as bombas de hidrogénio. Se a ruína total que estão destinados a trazer sobre o mundo não é evidente ao mundo, podem esperar uma terceira guerra mundial, ou uma quarta. As bombas farão seu trabalho e as relíquias que sobrarem após a ruína não terão outra escolha senão tomarem sobre si mesmas esta obra, onde tanto indivíduos como nações não trabalharão para si mesmos mais que o necessário para seu sustento, enquanto tudo o resto que fizerem será pelo bem dos outros. Se todas as nações do mundo concordarem com isso, não mais haverá guerras no mundo, pois nenhuma pessoa estará preocupada com o seu próprio bem ou que se pareça, mas somente com o bem dos outros.

Esta lei de equivalência de forma é a lei do Messias. Diz-se sobre isso (Miqueias 4): "Mas no fim dos dias se virá a passar e muitas nações andarão e dirão: 'Vinde e vamos subir pois de Sião virá a lei e Ele julgará entre muitas nações". Isto é, o Messias os ensinará a obra de Deus em equivalência de forma, que é o ensinamento e a lei do Messias. "E provará a poderosas nações", ou seja, que Ele lhes provará que se não tomarem sobre si mesmas a obra de Deus, todas as nações serão destruídas pela guerra. Contudo, se elas aceitarem Sua lei, é dito sobre isso, "e elas baterão suas espadas com pás".

Se tomais o caminho da Torá e receberes o tempero, muito bem. E se não, trilhareis o caminho do sofrimento, ou seja, que guerras irromperão com as bombas atómicas e de hidrogénio e o mundo inteiro procurará conselho para escapar à guerra. Então virão eles ao Messias, a Jerusalém, e Ele lhes ensinará esta lei.

*

Antes de tocar sobre este assunto, apresentarei uma breve introdução a respeito dos atributos humanos, e direi que as pessoas estão divididas em dois tipos: egoístas e altruístas.

Egoístas significa que tudo o que elas fazem é por si mesmas. E se alguma vez fizerem algo por outrem, devem ter uma recompensa bem paga pelo seu trabalho, em dinheiro, respeito, etc.

Altruístas significa que elas sacrificam todos os seus dias pelo bem-estar dos outros, sem qualquer recompensa. Em vez disso, elas negligenciam sempre suas próprias necessidades para ajudar os outros. Além do mais, entre elas há tais que dão suas almas e suas vidas para o benefício dos outros, tais como aqueles que encontramos nos voluntários que vão para a guerra pelos seus compatriotas.

Descobrimos também altruístas mais gerais, ou seja, aqueles que dão seus corações e almas para ajudar os atrasados de todas as nações do mundo, tais como os comunistas, que lutam pelo benefício dos oprimidos entre todas as nações do mundo. Eles estão dispostos a pagar por isso com sua própria vida.

Egoísmo está embutido na natureza de cada pessoa, como em cada animal. Altruísmo, contudo, é contra a natureza humana. Todavia, a uns poucos escolhidos é concedida esta natureza; chamo-lhes "idealistas". Todavia, a maioria de qualquer sociedade ou estado é composta de simples pessoas de carne e osso, ou seja, egoístas. Somente uns poucos, dez por cento no máximo, são os excepcionais altruístas.

Agora chegarei ao ponto: Pela mencionada razão, que os altruístas são tão poucos em cada sociedade, os primeiros comunistas, antes do tempo de Karl Marx, foram malsucedidos em agir para espalhar o comunismo no mundo, como no dizer, "Um pássaro não faz o verão". Em acréscimo, alguns deles até estabeleceram acampamentos comunitários como os kibutzim no nosso país, mas falharam porque não conseguiram perdurar.

Isto aconteceu porque todos os membros da sociedade comum devem ser idealistas altruístas, como os próprios fundadores. Uma vez que noventa por cento de qualquer sociedade, até da mais desenvolvida, são egoístas, eles não conseguiram manter as condutas de uma sociedade cooperativa, que é puramente altruísta por natureza.

Isto continuou até ao tempo de Karl Marx, quando um plano muito bem-sucedido para a expansão do comunismo foi concebido, nomeadamente incorporar os próprios oprimidos na guerra do comunismo, para que eles combatessem juntamente contra o governo burguês capitalista. Uma vez que os oprimidos estão interessados nesta guerra somente pelo seu próprio bem, ou seja, razões egoístas, imediatamente aceitaram o plano, e assim o comunismo se espalhou entre todos os níveis dos atrasados e oprimidos. Uma vez que os atrasados são a maioria na sociedade, não é surpresa que o comunismo de hoje tenha tido sucesso em circular um terço do mundo.

Contudo, este acasalamento dos comunistas altruístas com o proletariado egoísta, embora tenha sido bem-sucedido em derrubar o governo burguês, odioso para ambos, esse acasalamento ainda falha manter um governo cooperativo com justa divisão. A razão é muito simples: Uma pessoa não faz um movimento a menos que haja certo propósito que necessite desse movimento. Esse propósito serve como força motivadora para fazer esse movimento como o combustível movimenta uma máquina.

Por exemplo, um não movimenta sua mão de um lugar para o outro a menos que pense que no outro lugar esteja mais confortável ao repousar sua mão. Esse propósito de procurar um lugar mais confortável é o combustível que empurra sua mão deste lugar para o outro.

Desnecessário é dizer que, um trabalhador que trabalhe todo o dia tem de ter combustível para os movimentos laborais que ele faz. Esta recompensa pelo seu trabalho é o combustível que o motiva ao seu duro trabalho. Assim, se nenhuma recompensa for dada pelo seu trabalho, ou se ele não tiver necessidade dessa recompensa, ele não será capaz de trabalhar. Ele será como uma máquina que não foi abastecida; até a pessoa mais ingénua do mundo não pensará que esta máquina alguma vez se movimentará.

Assim, num regime puramente comunista, onde o trabalhador sabe que não lhe será dado mais se ele trabalhar mais, ou que menos receberá se trabalhar menos e tanto quanto o mais à luz do lema absoluto, "Cada um trabalhará de acordo com sua habilidade e receberá de acordo com suas necessidades", o trabalhador não será recompensado pela sua diligência nem temerá sua própria negligência.

Assim, ele não terá combustível que o motive a trabalhar. A produtividade laboral dos trabalhadores então cairia para o zero, até que arruínem o regime inteiro. Não há escolaridade no mundo que ajude em inverter a natureza humana para ser capaz de trabalhar sem combustível, ou seja sem recompensa.

A exceção desta regra é o altruísta nato para quem a melhor recompensa é o bem dos outros. O combustível altruísta é inteiramente suficiente para ele como força motivadora para trabalhar, como a recompensa egoísta é para todas as outras pessoas. Contudo, idealistas são poucos; seu número é insuficiente para a sociedade se basear em si mesma neles. Assim, vedes que o comunismo e o altruísmo são um e o mesmo.

Sei que há maneiras de obrigar os trabalhadores a completar sua quota do trabalho que os supervisores lhes darão pelas mesmas condutas que no governo burguês, onde cada é recompensado de acordo com sua produtividade. Em acréscimo, dura punição pode ser imposta sobre os negligentes, como nos países soviéticos. Contudo, isto não é comunismo ou que se pareça. Desnecessário é dizer que, não é o paraíso que o regime comunista se espera trazer, digno de se dar a nossa vida por ele.

Além do mais, um governo tal como este é de longe pior que o governo burguês por razões inequívocas que apresentarei abaixo. Tivesse esse governo forçado sido um passo para o comunismo perfeito, ele ainda seria aceitável e tolerável. Contudo, esse não é o caso, nenhum treino no mundo inverterá a natureza humana do egoísmo para o altruísmo.

Deste modo, o regime opressivo aplicado nos países soviéticos é um regime eterno que nunca poderá ser alterado. E quando desejarem alterá-lo para um regime verdadeiramente cooperativo, os trabalhadores ficarão sem combustível. Eles não serão capazes de trabalhar e destruirão o governo. Assim, egoísmo e anticomunismo são um e o mesmo, idênticos.

Além do mais, um governo comunista forçado é completamente insustentável, dado que um governo dependente de baionetas não pode persistir e a maioria derradeiramente se levantará contra ele e o abolirá. Os dez por cento idealista não serão capazes de governar os noventa por cento egoístas e os anticomunistas para sempre. É isso que descobrimos nos países soviéticos e do Leste.

Além do mais, até uma mão cheia de idealistas comunistas que conduzem estes países hoje não estão garantidos a permanecer desse modo durante gerações, uma vez que os ideais não são hereditários. Embora os progenitores sejam idealistas, não há garantia que seus descendentes sigam a norma.

Assim, como podemos estar certos que a liderança de uma segunda ou terceira geração estará nas mãos dos idealistas comunistas como hoje se encontra? Poderá dizer que a maioria sempre os elegeu do público, mas este é um grave erro. A maioria do público egoísta elegerá somente aqueles que são próximos a eles em espírito, não seus opositores.

Além do mais, é de conhecimento comum que os líderes de hoje não foram eleitos pelo público de todo. Assim, quem se certificaria que os representantes eleitos do público serão sempre os idealistas no público? Quando os egoístas estão no poder, eles estão certos de revogar esse governo instantaneamente, ou pelo menos o tornar uma espécie de nacional comunismo, "uma nação de Senhores".

Tudo o que disse, quando provei que o comunismo e altruísmo são o mesmo, e que o egoísmo e o anticomunismo são o mesmo, é minha própria visão. Contudo, se questionar aos próprios comunistas, eles o negarão veementemente. Eles afirmarão o oposto: "Estamos longe de qualquer ética burguesa; não temos qualquer sentimentalismo. É somente a justiça que procuramos, que nenhum homem explore o próximo". Por outras palavras, isso é de acordo com o atributo, "o que é meu é meu, e o que é teu é teu", que é, de facto, o atributo dos egoístas. Assim, devo ver os assuntos da sua perspectiva e rever esta justiça que procuram e à qual devotam suas vidas.

Primeiro, de acordo com o desenvolvimento dos regimes comunistas, descubro que os termos "burguês" e "proletariado", já não são suficientes para explicar essa história económica e precisamos de termos mais gerais. É mais verdadeiro dividir a sociedade numa classe de diligentes e uma classe de atrasados. Nos regimes burgueses, os diligentes são os capitalistas e a classe média. Os atrasados são os trabalhadores que trabalham para eles. Nos regimes comunistas os diligentes são os gestores, os supervisores e os intelectuais e os atrasados são os trabalhadores que trabalham para eles.

A maioria de cada sociedade são sempre os atrasados. Os diligentes não são mais que trinta por cento da sociedade. É uma lei natural que a classe diligente explore a classe atrasada o melhor que possa, como os peixes no mar, onde o forte engole o fraco. É inconsequente se os diligentes são capitalistas e comerciantes, como nos regimes burgueses, ou se os diligentes são os gestores, supervisores, os intelectuais e os tesoureiros, como nos regimes comunistas.

Derradeiramente, os diligentes explorarão os trabalhadores atrasados no melhor se sua habilidade; eles não terão pena deles. Os diligentes sempre sugam a manteiga e o creme, deixando aos trabalhadores somente o magro leite coalhado. A única questão é o que sobra para os trabalhadores depois da exploração impiedosa dos diligentes, a medida de escravidão que os diligentes impõem sobre eles e a medida de liberdade e liberdade humana que os diligentes lhes permitem. É somente de acordo com a medida destas sobras, que os diligentes deixam aos atrasados, que devemos examinar cada regime, diferenciar entre os regimes e escolher qual deles é preferível

Vamos mencionar uma vez mais o que dissemos, que um não pode trabalhar sem qualquer recompensa que sirva como combustível para uma máquina. Num regime comunista não-altruísta, os trabalhadores devem ser recompensados pelo seu trabalho e serem fortemente punidos pela sua negligência.

Contudo, muitos supervisores são necessários para olhar sobre eles, pois sem supervisão suficiente, as recompensas e punições certamente serão insuficientes. Contudo, não há trabalho mais duro que estar de pé sobre as pessoas as agonizando, pois, "ninguém quer ser o carrasco". Assim, até se colocar inspetores, nomeados sobre os inspetores e nomeados ainda mais altos para os observar, todos eles serão negligentes na sua supervisão e não agonizarão os trabalhadores o suficiente.

Não há cura para isso exceto ao fornecer um combustível bastante aos funcionários, recompensa suficiente para tamanho duro trabalho, ou seja, o trabalho do carrasco. Por outras palavras, lhes deve ser dado várias vezes mais que a um simples trabalhador.

Assim, não deveis ficar surpresos se funcionários na Rússia forem pagos de dez a quinze vezes mais que a um simples trabalhador; seu trabalho é dez ou quinze vezes mais duro que aquele de um simples trabalhador. Se não forem suficientemente recompensados serão obrigados a negligenciar seu escritório e o estado será arruinado.

Agora tentai calcular na moeda de vosso país. Digamos que um simples trabalhador ganha cem libras Israelitas por mês. Significa isto que os mais baixos funcionários receberão mil libras por mês, dez vezes mais. Assim, passado um ano, ele ganhará doze mil libras, e passados dez anos, cento e vinte mil libras.

Se deduzirmos dez por cento para seu sustento, lhe serão deixadas cento e oito mil libras. Parece que devemos considerá-lo um capitalista respeitável. Tanto quanto o mais com os mais altos funcionários.

Assim, dentro de algumas décadas, os funcionários se tornarão milionários, sem qualquer risco, mas estritamente através da exploração dos trabalhadores. Como disse, pela experiência de hoje, a sociedade não mais pode ser dividida entre burgueses e proletariado, mas entre diligentes e atrasados.

Podeis dizer que esta é senão uma fase para o comunismo puro, ou seja que através de educação e opinião pública, o público será ensinado até que "cada um trabalhe de acordo com sua habilidade e receba de acordo com suas necessidades". Então não haverá necessidade para inspetores e supervisores.

Este é um grande erro porque o lema de cada trabalhar de acordo com sua habilidade e receber de acordo com suas necessidades é um lema estritamente altruísta. Onde quer que um possa trabalhar para beneficiar a sociedade sem qualquer combustível, isso não é natural, a menos que altruísmo seja a razão e o combustível para trabalhar, como já demonstrei.

Assim, não devemos esperar por qualquer mudança para o melhor. Pelo contrário, devemos temer que essa mão cheia de comunistas idealistas que hoje lidera não legue sua liderança a outros idealistas. A força egoísta das pessoas gradualmente prevalecerá, eles escolherão uma liderança de acordo com seu espírito egoísta e reinstalarão o capitalismo. No mínimo dos mínimos, tornarão o comunismo em certa espécie de "nação suprema", como fez Hitler. Eles não terão inibições em explorar outras nações para se beneficiar a si mesmos, se ao menos tiverem o poder.

Podeis dizer que através da educação e opinião pública, a natureza das massas pode ser transformada em altruísmo, mas este é também um grave erro. Educação não pode fazer mais que a opinião pública, ou seja que a opinião pública respeite os altruístas e despreze os egoístas.

Enquanto a opinião pública sustentar o altruísmo por meios de respeito e desonra a educação será eficaz. Contudo, se chegar um tempo em que um orador experimentado e competente der um discurso diário que seja da opinião pública oposta, ele indubitavelmente terá sucesso em alterar a opinião pública como desejar.

Já tivemos tal amarga experiência na história com esse vilão que transformou pessoas bem-comportadas como os Alemães em animais selvagens através dos seus sermões diários. Várias centenas de anos de educação desapareceram como uma bolha de sabão, uma vez que a opinião pública havia mudado e a educação não tinha mais nada com que confiar, pois a educação não pode existir sem o apoio do público.

Assim, evidentemente vedes que não há esperança de alterar este governo forçado. Também não há esperança que as massas alguma vez alcancem o verdadeiro comunismo, de acordo com o lema, "Cada um trabalhará de acordo com sua habilidade e receberá de acordo com suas necessidades".

Em vez disso, os trabalhadores devem eternamente permanecer sobre a vara terrível dos gestores e dos supervisores, enquanto os gestores e supervisores sugarão sempre o sangue dos trabalhadores, como fazem os burgueses capitalistas, não muito pior do que eles. Afinal, no regime forçado dos comunistas, os trabalhadores não têm sequer o direito à greve. Fome e destruição sempre penderão sobre suas cabeças, como ensina a experiência Soviética. Além do mais, se o governo forçado alguma vez for revogado, a sociedade será certamente arruinada instantaneamente, pois os trabalhadores ficariam sem combustível.

Certamente .... Diz-se que num regime comunista é vantajoso que o proletariado sofra, uma vez que eles sofrem por si mesmos, pois eles são os donos dos meios de produção, e o excesso e ninguém os pode explorar. Contudo, num regime capitalista eles só têm seu pão diário e todo o excesso é dado aos capitalistas. Quão gentis são estas palavras à superfície.

Independentemente, se há uma onça de verdade nestas palavras, então elas se aplicam aos diligentes, que são os funcionários e os gestores, que tomam todos os prazeres do regime forçado em qualquer caso. Certamente, a respeito do proletariado, nomeadamente os trabalhadores e os atrasados, estas são palavras inteiramente inertes.

Tomemos nossos caminhos de ferro, como exemplo. Eles são propriedade do estado, ou seja, que a titularidade dos caminhos de ferro está nas mãos de todos os cidadãos do estado. Pergunto, qualquer um de nós cidadãos sente nosso direito à titularidade dos caminhos de ferro? Temos nós maior benefício que viajar num caminho de ferro nacionalizado quando comparado a viajar num caminho de ferro privado e capitalista?

Podemos nós também tomar uma cooperativa detida inteiramente pelo proletariado, como a Solel Boneh (uma grande empresa de construção em Israel), detida somente pelos trabalhadores. Os trabalhadores que trabalham na sua própria propriedade têm qualquer benefício adicional quando trabalhando por uma propriedade capitalista estrangeira?

Temo que aquele que trabalha para o empresário estrangeiro se sinta muito mais em casa que aquele que trabalha para a Solel Boneh, embora ele seja aparentemente um coproprietário. Somente a mão cheia de gestores tem a inteira titularidade e eles fazem com a propriedade nacional como lhes apetece. Um cidadão privado está proibido de sequer inquirir o que eles estão a fazer e para quê.

Assim, o proletariado não sente qualquer prazer na propriedade do estado e nos meios de produção que se encontram nas mãos dos executivos e funcionários, que sempre os oprimem e humilham como a poeira da terra. Qual então é o excesso que eles têm no regime comunista forçado, mais que seu pão diário?

Não invejo o proletariado ou que se pareça. Eles sempre estarão no regime comunista forçado, sob duro estorvo dos funcionários e inspetores, que os podem torturar com todos os tipos de atrocidades, absortos do mundo e da opinião pública, pois todos os meios de publicidade se encontrarão nas mãos dos escriturários. Ninguém será capaz de expor suas más ações em público.

Em acréscimo, cada um estará atado sob suas mãos, incapaz de abandonar o país e escapar deles, tal como nossos pais estavam trancados no Egito, onde nenhum escravo podia sair de lá para ser livre. Porque todos os trabalhadores deixam o excesso do produto para o estado, como os podem deixar ir para outro lado, quando o estado perde seu excesso? Numa palavra, um regime comunista não-altruísta sempre consistirá de duas classes: os diligentes, que são os gestores, os funcionários, e os intelectuais, e uma classe dos atrasados, que são os trabalhadores de produção, a maioria da sociedade.

Para o funcionamento da classe dos diligentes deve, voluntária ou involuntariamente, escravizar, atormentar e humilhar a classe trabalhadora sem misericórdia nem vergonha. Eles os explorarão dez vezes mais que os burgueses os exploram, pois estarão absolutamente indefesos, pois não terão o direito à greve. Serão incapazes de divulgar as más ações dos empregadores em público e não tomarão prazer de todo na titularidade dos meios de produção que os funcionários adquiriram.

2) Só mais uma coisa e isto é o mais importante. O Comunismo deve corrigir mais que simplesmente a ordem económica. Ele também deve garantir a existência mínima dos povos no mundo. Por outras palavras, é para prevenir guerras para que as nações não se destruam umas às outras. Já gritei como uma garça sobre isso em 1933, no meu livro o panfleto A Paz, alertando que as guerras de hoje chegaram a tamanhas proporções que colocam em perigo a vida do mundo inteiro.

O único conselho para prevenir, isto é, ao todas as nações adoptarem o regime do comunismo perfeito, ou seja, altruísta. Desnecessário será dizer que, hoje, depois da descoberta e uso das bombas atómicas e a descoberta das bombas de hidrogénio, não mais é duvidoso que passadas uma, duas ou três guerras, a inteira civilização humana será totalmente arruinada, não deixando relíquias.

O egoísmo contemporâneo moderno não consegue assegurar a paz no mundo, pois até se todas as nações do mundo adoptarem este regime comunista, ainda assim não haverá uma razão obrigatória para as nações ricas em meios de produção, matérias primas e civilização, compartilharem as matérias primas e meios de produção com as nações pobres.

Por exemplo, as nações na América não quererão igualar seu padrão de vida com as nações Asiáticas ou Africanas, ou até com as nações Europeias. Uma única nação pode ter o poder para igualar o padrão de vida dos ricos e classe média, os donos dos meios de produção, com o proletariado, ao incitar as pobres massas, a maioria da sociedade, a destruírem os ricos e a classe média e tomarem sua propriedade. Contudo, este conselho não terá qualquer uso ao obrigar uma nação rica a compartilhar sua propriedade e meios de produção com uma nação pobre, pois a nação rica já preparou armas e bombas para se salvaguardar a si mesma dos seus pobres vizinhos.

Assim, que bem fez o regime comunista no mundo? Ele deixa em táctica o estado da inveja entre as nações tal como no regime capitalista, sem qualquer alívio. Uma justa divisão dentro de cada nação em si mesma não assistirá na justa divisão entre as nações ou que se pareça.

Assim, enquanto básico sustento se encontra sob risco imediato, é um desperdício de tempo melhorar o governo económico. Estariam melhor usando esse tempo para procurar conselho para poupar a própria vida de toda a humanidade.

Vedes que o inteiro problema com o regime comunista de hoje é a falta da recompensa adequada, que é o combustível para a força produtiva dos trabalhadores. Assim, é impossível os empregar com sucesso exceto com o combustível da recompensa e punição.

Logo, precisamos de inspetores, supervisores e gestores que tomem sobre si mesmos este duro trabalho de supervisionar os trabalhadores e impiedosamente suguem seu sangue e suor, fazendo suas vidas interminavelmente amargas com dificuldades e escravidão. Em retorno por este duro trabalho, lhes deve também ser dada adequada recompensa, que não menos é que torná-los milionários, pois eles não quererão viver a vida dos carrascos por sua própria livre vontade senão por isso, como vemos no país Soviético.

Em acréscimo, não devemos esperar que este reino alguma vez termine, como prometem os optimistas. Nem baionetas nem educação ou opinião pública serão capazes de alterar a natureza humana para trabalhar voluntariamente sem o combustível adequado.

Portanto, ele é uma maldição durante gerações. Quando o governo forçado é revogado, os trabalhadores não mais renderão uma produção que seja suficiente para o sustento do estado. Não há cura para isso, senão trazer a fé na recompensa e punição espiritual do alto para os corações dos trabalhadores, dAquele que conhece todos os mistérios.

Logo, através da educação e promoção certa, a recompensa e punição espiritual serão o combustível suficiente para produção do seu trabalho. Eles não mais precisarão de gestores ou supervisores sobre seus ombros, mas todo e cada um trabalhará voluntariamente e de todo o coração pela sociedade, para ganhar a sua recompensa dos Céus.

O Positivo

O comunismo é um ideal, ou seja, moral. A meta "trabalhar de acordo com a habilidade de um e receber de acordo com as suas habilidades" testemunha isso.

Toda a moral tem de ter uma base que a necessite; educação e opinião pública são uma base muito doentia e a prova disto é Hitler.

Porque qualquer conceito da maioria é seguro de triunfar, é desnecessário dizer que o levar a cabo do comunismo corrigido é pela maioria do público. Logo, é necessário estabelecer o nível moral da maioria do público sobre uma base que necessite e garanta que o comunismo corrigido nunca seja corrompido. O ideal preordenado nos humanos é insuficiente, pois muito poucos o possuem e são insignificantes em comparação com a maioria do público.

Religião é a única base segura de levantar o nível do coletivo ao nível moral de "trabalhar de acordo com a habilidade e receber de acordo com a necessidade".

O comunismo deve ser afastado do conceito, "O que é meu e meu e o que é seu é seu", que é a regra de sodomita, para o conceito, "O que é meu é seu e o que é seu é seu", ou seja, altruísmo absoluto. Quando a maioria do público aceitar esta regra de facto, será o tempo de "trabalhar de acordo com a habilidade e receber de acordo com a necessidade". O sinal que cada um trabalharia como um trabalhador contratado.

É proibido nacionalizar propriedade perante antes que o público alcance este nível moral. Antes que haja um fator moral confiável no público, o coletivo não terá combustível para trabalhar.

O mundo inteiro é uma família. A estrutura do comunismo deve derradeiramente circular o mundo inteiro num padrão de vida igual para todos. Contudo, o próprio processo é um gradual. Cada nação cuja maioria aceite estes três elementos básicos na prática e tenha um combustível garantido, pode entrar na estrutura do comunismo de imediato.

A forma económica e religiosa que garante o comunismo será a mesma para todas as nações. Exceto formas religiosas, que não dizem respeito à economia e outras condutas, cada uma terá a sua própria forma, que não deve ser alterada de todo.

O mundo não deve ser corrigido em matérias religiosas antes que a correção económica seja garantida para o mundo inteiro.

Deve haver um programa detalhado para todas as supramencionadas regras e o resto das regras necessárias neste respeito. Qualquer um que entre sob a estrutura do comunismo deve fazer um voto solene.

Primeiro, deve haver um pequeno estabelecimento cuja maioria sejam altruístas até à supramencionada extensão. Isso significa que trabalharão tão diligentemente como trabalhadores contratados, dez a doze horas por dia e mais. Todo e cada um trabalhará de acordo com sua força e receberá de acordo com suas necessidades.

Ele terá todas as formas do governo de um estado. Desta maneira, até se a estrutura contiver o mundo inteiro, e o governo da força bruta seja completamente revogado, nada será alterado no governo ou trabalho.

Esta instituição será o ponto focal global com as nações e estados rodeando-o até aos mais longínquos cantos do mundo. Todos aqueles que entrem nesta estrutura de comunismo terão a mesma agenda que a liderança como centro. Eles serão como uma nação com lucros, perdas e resultados.

É absolutamente proibido que qualquer um da instituição se volte para qualquer dos estabelecimentos judiciais, etc., ou qualquer das formas existentes no regime de força bruta. Todos os conflitos devem ser resolvidos entre eles mesmos, ou seja, entre as partes envolvidas. Opinião pública, que condena o egoísmo, condenará a parte culpada por explorar a retidão do seu amigo.

É um facto que os Judeus são odiados por maioria das nações, e são feitos poucos por elas. É verdade para os religiosos, seculares e comunistas. Não há táctica para lutar contra isso senão ao trazer verdadeira moral altruísta para o coração das nações, até ao ponto do cosmopolitismo.

Se um está proibido de explorar os seus amigos, porque deve uma nação ser permitida explorar suas semelhantes nações? O que justifica que uma nação desfrute da terra mais que outras nações? Deste modo, o comunismo internacional deve ser instituído.

Tal como há indivíduos que foram privilegiados pela diligência, oportunidade, ou herança de antepassados com uma quota maior que os negligentes, tanto quanto o mais assim é entre as nações. Assim, porque deve a guerra aos indivíduos ser maior que contra nações?

Se viveis numa ilha de selvagens à qual não pudesses trazer a lei e ordem senão pela religião, duvidarias e os deixarias se destruírem uns aos outros? Similarmente, em respeito ao altruísmo, todos eles são selvagens, e não há táctica para que aceitem as regras senão através da religião. Quem hesitaria os abandonar para se destruírem uns aos outros com bombas de hidrogénio?

Há três bases para a expansão da fé: 1) Satisfação dos Desejos; 2) Provas e Propaganda.

Satisfação dos Desejos é como o perpetuar da alma, recompensa, bem como recompensa nacional, que é a glorificação da nação.

Provas é que o mundo não pode existir sem ela, muito menos nos dias do átomo...

Propaganda pode também ser usada em vez da prova, se for feita com diligência.

Devido ao anseio por posses, é impossível construir o Comunismo Altruísta a menos que o Comunismo Egoísta venha primeiro, como demonstrado por todas as sociedades que desejaram estabelecer o Comunismo Altruísta antes do Marxismo. Contudo, agora que um terço do mundo já repousou seus rudimentos sobre um regime de Comunismo Egoísta, é possível começar a estabelecer um Comunismo Altruísta dourador sobre uma base religiosa.

18. O Comunismo Altruísta completamente anulará o regime de força bruta. Em vez disso, "cada homem fará o que está certo aos seus próprios olhos". Não nos deve surpreender, que era inacreditável que crianças pudessem ser educadas através de explicação, mas somente pela vara. Mas hoje a maioria das pessoas aceitaram isto e reduziram a regra forçosa sobre as crianças.

Isto diz respeito a crianças que não têm paciência ou conhecimento. Tanto quanto o mais é com as pessoas, um coletivo de pessoas educadas e conhecedoras educadas para o altruísmo. Elas certamente não necessitarão do regime de força bruta. Certamente, não há nada mais humilhante e degradante que uma pessoa que se encontra sob o regime de força bruta.

Até tribunais não serão necessários, a menos que certo evento invulgar ocorra, onde os vizinhos não influenciam um indivíduo excepcional. Nesse caso, pedagogos especiais serão necessários para transformar essa pessoa através da argumentação e explicação do benefício da sociedade, até que essa pessoa seja trazida de volta à linha.

Se uma for teimosa, e tudo não der resultado, então o público se afastará dessa pessoa como se de um proscrito, até que essa pessoa se volte a juntar com as regras da sociedade.

Acontece que há um acampamento estabelecido sobre o Comunismo Altruísta, com uma maioria de pessoas que tomaram estas regras sobre si mesmas, imediatamente decidirão não se trazerem umas às outras a qualquer tribunal, agência governamental ou qualquer tipo de força. Em vez disso, tudo será feito através de suave persuasão. Assim, nenhuma pessoa é aceita na sociedade antes que seja testada para ver se ela é tão rude que não possa ser ensinada para o altruísmo.

19. É importante fazer tamanha correção que nenhuma pessoa venha a exigir suas necessidades da sociedade. Em vez disso, haverá pessoas selecionadas que examinarão as necessidades de cada pessoa e fornecerão para toda e cada pessoa. Opinião pública denunciará aquele que reclame algo para si mesmo, tal como os ladrões e vadios de hoje.

Assim, os pensamentos de cada um estarão devotados à doação sobre seus semelhantes, como é a natureza de qualquer edificação que o calcula, até antes que um sinta as suas próprias necessidades.

Se queremos saltar sobre uma mesa, devemos preparar-nos a nós mesmos para saltar muito mais alto que a mesa, e então aterraremos na mesa. Contudo, se queremos saltar somente tão alto como a mesa, cairemos.

20. Admitidamente, o Comunismo Egoísta é senão um passo no caminho para a justiça, uma espécie de "De Lo Lishmá para Lishmá" [de não em Seu nome para em Seu nome]. Com isso digo que o tempo para a segunda fase, nomeadamente, o Comunismo Altruísta, chegou.

Primeiro, ele deve ser estabelecido num país, como modelo. Depois disso os países na primeira fase certamente o aceitarão. O tempo é fugidio, uma vez que os defeitos e a força bruta usada no Comunismo Egoísta impedem a maioria do mundo cultural deste método por completo.

Logo, o mundo deve ser apresentado ao comunismo perfeito e então os países mais civilizados no mundo indubitavelmente o aceitarão. É de grande preocupação que o imperialismo venha a abolir o comunismo do mundo, mas se nosso método perfeito for publicitado, o imperialismo será certamente deixado como um rei sem exércitos.

21. Claramente, nenhuma vida estável e adequada é possível senão quando controvérsias entre os membros da sociedade são resolvidas pela maioria. Deste modo sucede-se que não pode haver um bom regime numa sociedade a menos que a maioria seja boa. Uma boa sociedade significa que a maioria nela é boa, e uma má sociedade significa que a maioria nela é má. Como dissemos acima, item 3, que o comunismo não deve ser estabelecido antes que a maioria das pessoas na sociedade operem com um desejo de doar.

22. Nenhuma circulação pode assegurar a regra da coação sobre futuras gerações e nem a opinião pública nem a educação ajudarão neste caso, pois elas naturalmente tendem a enfraquecer. A exceção é religião, que naturalmente se torna mais forte. Vemos da experiência que nações que aceitaram a religião primeiro forçosamente e sob coação, a observam voluntariamente na geração seguinte. Além do mais, eles são dedicados e devotados a ela.

Devemos compreender que embora os pais tenham tomado sobre si mesmos o Comunismo Altruísta porque eram idealistas, não há garantia que seus filhos os sigam neste regime. Desnecessário será dizer, se os pais adoptaram o comunismo sob coação, como é o modo no Comunismo Egoísta, ele não perdurará gerações, mas derradeiramente será dominado e revogado. Um regime não pode ser imposto senão através da religião.

23. Quando digo que um regime comunista não deve ser instalado antes que haja uma maioria altruísta, não pretendo dizer que sejam voluntariamente idealistas. Em vez disso, significa que o manterão por razões religiosas, em acréscimo à opinião pública. Esta coação é uma que durará gerações, pois a religião é o principal obrigador.

24. Devemos recordar todo o sofrimento, pobreza, corrupção e guerra, e as viúvas e os órfãos no mundo, procurando salvação do Comunismo Altruísta. Nessa altura, não será difícil que um dedique a sua vida inteira para salvá-los da ruína e terríveis dores. Tanto quanto o mais com uma pessoa jovem, cujo coração não foi estupidificado pelos seus próprios obstáculos. Essa pessoa certamente o apoiará com o seu coração e alma.

O Negativo

1. Se há nacionalização antes do público estar pronto para isso, ou seja, antes que cada um tenha uma base sólida e causa assegurada para combustível para trabalhar, é como se um arruinasse a sua pequena casa antes de ele ter os meios para construir outra casa.

2. Igualdade do público não significa igualar o nível dos talentosos e bem-sucedidos com o nível dos negligentes e oprimidos. Em vez disso, significa permitir a cada pessoa no público um padrão de vida de classe média. Assim, os negligentes, também, desfrutarão de suas vidas tanto quanto a classe média.

3. A liberdade do indivíduo deve ser mantida se não for prejudicial para a maioria do público. Os prejudiciais não devem ser compadecidos e devem ser tornados inofensivos.

4. O presente comunismo perdura devido aos idealistas que o conduzem. Eles foram idealistas antes de se tornarem comunistas. Contudo, a segunda geração, quando os líderes forem eleitos pela maioria do público, eles serão gradualmente repelidos, assumindo a forma do Nazismo ou regressando à possessividade. Isto e porque nada os impedirá de explorarem as outras nações negligentes.

5. O comunismo egoísta não tem elemento de prevenção da guerra, dado que a base de todas as guerras é o território vivo, onde cada um quer construir sobre a ruína do próximo, seja justamente ou devido à inveja de que o outro tem mais.

Comunismo baseado em "o meu é meu" numa estrutura de igual divisão nada faz para remover a inveja das nações umas com as outras, muito menos da carência de espaço vivo das nações. Também não há esperança que as nações ricas deem sua quota para se igualarem com as pobres porque "o meu é meu e o teu é teu" não o necessita. Somente o comunismo de "o meu é teu e o teu é teu" o resolverá.

6. Até hoje vemos que há uma força global que dominou e conquistou todos os países comunistas, se comportando lá como se fosse seu próprio lar, tal como foi na história da Grécia e Roma, etc. Não há dúvida que esta força se divida em pedaços no futuro e já temos Tito. Quando se dividirem, estão certos de combaterem uns com os outros, pois como governa a Rússia a Checoslováquia, ou as outras, senão pela espada e a lança?

7. No comunismo, empregados se esforçam para diminuir o consumo dos trabalhadores e aumentar sua produtividade. No imperialismo, os empregados querem e atuam para aumentar o consumo dos trabalhadores e para igualar sua produtividade com o consumo.

8. A classe dos governantes e supervisores derradeiramente criará uma espécie de exílio no Egito sobre a classe trabalhadora uma vez que todos os trabalhadores deixarão seu excesso nas mãos dos governantes, que tomam a parte maior deles. Assim, não deixarão um único trabalhador fugir de suas mãos para outro país. Logo, os trabalhadores serão enjaulados, guardados como Israel no Egito de Faraó.

9. A classe governante está destinada a finalmente colocar todos os velhos e aleijados na classe trabalhadora até à morte, argumentando que comerão mais que produzem e que são parasitas no país. Ninguém morrerá de morte natural.

10. Se o comunismo se espalhar pelo mundo, ele condenará à morte toda a nação que comer mais do que produz.

11. Se os que lucram e os comerciantes se tornarem escriturários, os compradores se tornarão os receptores de caridade dos escriturários e os escriturários farão com eles como lhes apetece, ou tanto quanto tiverem medo dos inspetores.

Um Regime Não Pode Existir com Lanças Para Sempre

12. O comunismo não pode existir sobre uma sociedade anticomunista porque um regime apoiado com baionetas e lanças é insustentável. Eventualmente, a maioria da sociedade prevalecerá e derrubará esse governo. Assim, a maioria altruísta deve primeiro ser estabelecida e o governo será apoiado voluntariamente.

O Hábito das Ondas de Ódio e Inveja Mais Tarde Se Virará Contra os Atrasados

13. Comunismo que é edificado com ondas de ódio e inveja só terá sucesso ao derrubar os burgueses, não em beneficiar os atrasados. Pelo contrário, os mesmos que se acostumaram ao ódio e inveja virarão as flechas de ódio contra os atrasados assim que os burgueses desapareçam.

Comunismo Egoísta Sempre Estará

Em Guerra com o Público

14. O regime comunista será obrigado a sempre estar em guerra com os anticomunistas pela sua própria natureza. Isto assim é porque cada pessoa naturalmente tende a ser possessiva. As pessoas naturalmente tendem a tomar o creme e deixar o leite coalhado para as outras.

A natureza não muda pela educação ou opinião pública. É inimaginável que um alguma vez concorde com a justa divisão e um exército de baionetas não consegue inverter a natureza, muito menos a educação e opinião pública.

Idealistas natos são poucos. Se desejais dizer que o roubo e furto estão bem guardados no regime capitalista, vos direi que é porque a lei permite competição legal. É comparável a uma pessoa que se reúne numa associação onde a maioria são assassinos e ladrões e quer governar sobre eles e os obrigar a manter a lei. Mas a respeito da anulação de propriedade, cada um é ladrão.

Um Exemplo a Todas as Nações

15. O comunismo altruísta raramente se encontra no espírito humano; assim, a nação mais nobre deve tomar sobre si mesma dar um exemplo ao mundo inteiro.

O País Está em Risco. Comunismo Altruísta Ajudará a Com a Reunião dos Exílios

16. A nação está em risco porque cada um fugiu para um lugar diferente antes da economia ter estabilizado. Isto assim é porque nem toda a pessoa consegue suportar o teste quando há um modo de viver confortavelmente.

No Comunismo Altruísta o ideal brilhará sobre todas as pessoas, lhes dando satisfação que fará com que o sofrimento valha a pena. Além do mais, ele atrairá a reunião dos exílios de todos os países porque as preocupações e guerras de sobrevivência que cada um experimenta alémmar os motivarão a regressar para sua terra e viverem pacifica e justamente.

A Filosofia Está Pronta, Ou Seja Cabala Baseada em Religião

17. Cada método prático também requer uma renovada nutrição idealista para contemplar, ou seja, uma filosofia. Tanto quanto isto diz respeito, há já uma pronta filosofia completa, ou seja, a Cabala, embora ela seja dirigida somente aos líderes.

Por Que Somos o Povo Escolhido para Isso?

18. Devemos dar um bom exemplo ao mundo porque somos mais qualificados que todas as outras nações. Não é porque somos mais idealistas que elas, mas porque sofremos da tirania mais que todas as outras nações. Por esta razão, estamos mais preparados para procurar conselho que acabe com a tirania da terra.

19. Posse e controlo não são idênticos. Por exemplo, os donos do caminho de ferro são os acionistas e o controlo está nas mãos dos gestores, embora tenham uma única quota, ou nada de todo. O mesmo se aplica à empresa de transportação, cujos acionistas não têm o direito a controlar ou aconselhar.

Tomemos navios de guerra como exemplo. Eles são detidos pelo estado, todavia nenhum civil é permitido dentro deles. Em acréscimo, caso o estado esteja nas mãos do proletariado por meio de posse, a gestão derradeiramente estará nas mãos dos mesmos gestores que agora, ou outros de semelhante temperamento. O proletariado não terá maior apoio ou benefício do que agora têm, a menos que os governantes sejam idealistas, se preocupando com o bem de todo e cada indivíduo.

Numa palavra, em respeito ao governo, não faz diferença se a posse é dada a capitalistas ou ao estado. No final, são os gestores que os controlarão, não os proprietários. Assim, a correção da sociedade deve se relacionar principalmente aos executivos. "O Poder de Domar", 214 ["O Poder de Domar" é um capítulo no livro de Bertrand Russell (Filósofo Britânico, 1872-1970), Poder].

E similarmente, disse Avniel na Knesset (Herut, data...) [Benjamim Avniel (1906-1993), foi um MK (membro da Knesset, o Parlamento Israelita) das segundas eleições até à sexta e foi parte do partido Herut]. Em Israel, a fenda entre o mais baixo funcionário ao mais alto é de 1.7 vezes mais. Na Inglaterra, é a multiplicar por dez e no resto dos países é mais ou menos o mesmo. Mas na Rússia é vezes cinquenta. Logo, num estado do proletariado os funcionários e os gestores desperdiçam sua energia muito mais que nos países capitalistas. Isto assim é porque o governo é uma oligarquia. E não democrático. Em simples palavras, é porque os comunistas controlam anticomunistas. Tem de haver oligarquia. Isto nunca mudará dado que comunismo significa idealismo, que não se encontra na maioria.

20. Tal estado, onde os comunistas governam sobre anticomunistas está obrigado a estar nas mãos de um grupo de executivos autocráticos em absoluta ditadura. Todas as pessoas no país estarão nas suas mãos como se nada fossem. Eles devem sempre manter a espada nas suas mãos pelo assassinato, encarceramento, punições ocultas e reveladas, privação alimentar e todos os tipos de punições, de acordo com a decisão arbitrária de cada executivo. Tudo isto é de modo a manter os anticomunistas em terrível terror e medo, para que trabalhem para o estado e não arruínem inadvertida ou maliciosamente.

21. Em tal estado, os executivos devem certificar-se que os cidadãos escolhem uma gestão democrática, dado que a maioria do país é anticomunista.

22. Em estado tal, onde os comunistas governam sobre os anticomunistas, os gestores devem zelar para que os cidadãos não tenham possibilidade de publicitação, ou divulgarem a terrível injustiça que é feita ao povo do estado ou às minorias no estado.

Por outras palavras, os datilógrafos não devem datilografar e os administradores dos salões de palestra devem observar os oradores para que não critiquem suas ações. Eles devem punir duramente qualquer um que tenha planos, ou pense sequer em criticar seus atos. Logo, o governo terá completo controlo para lidar com eles arbitrariamente e não haverá ninguém que os detenha. (Poder, ... 21).

23. Ética não pode depender somente da educação e opinião pública, porque a opinião pública necessita somente daquilo que está a favor do público. Assim, se um vier e provar que a moralidade é prejudicial ao público e a vulgaridade é mais benéfica, eles imediatamente descartarão a moralidade e escolherão a vulgaridade, como Hitler testemunha.

24. O Comunismo Egoísta baseado em ondas de inveja e ódio nunca se livrará delas. Em vez disso, onde não há burgueses, eles lançarão seu ódio em Israel. Não nos devemos enganar que o comunismo cure o desprezo de Israel das nações. Somente o Altruísmo Comunista será esperado trazer esse remédio.

Debate

1. Claramente, o lema, "Cada um receberá de acordo com suas necessidades e trabalhará de acordo com sua habilidade", é altruísmo absoluto. Quando isto for aplicado, a maioria do público, ou todo ele, estarão armados com a medida "o meu é teu". Assim, direis, quais são os elementos que podem trazer o público a este desejo? Os elementos de hoje, nomeadamente o ódio aos capitalistas e todas as espécies de animosidades que se prolongam daí, trarão um

ao oposto. Isso instará a medida de "o que e meu e meu e o que é teu é teu" no povo, que é a Regra Sodomita, o oposto de amor ao homem.

2. Nada tenho a dizer a aqueles que vão com a corrente, somente a aqueles que têm sua própria mente e a força para criticar.

3. O conceito fundamental de Engels, em nome de Marx, afirma, "A classe dos oprimidos e explorados não pode ser liberada da classe dos exploradores e opressores sem também libertar a sociedade inteira da exploração, opressão e luta de classes de uma vez por todas".

Isto está em contraste com a conduta do comunismo contemporâneo de matar e degenerar todas as partes burguesas da sociedade. Esta poderosa inimizade nunca será apagada dos seus filhos. Ela está também em contraste com o facto de que estão a estabelecer uma classe soberana governante a monitorizar a classe operária. Não há luta de classes mais dolorosa e lamentável que essa. Eles bombeiam o grosso da medula dos trabalhadores e deixam-lhes o resíduo, juntamente com perpétuo medo da morte, ou serem enviados para a Sibéria.

Onde está a salvação aqui? Eles substituíram a classe burguesa, que não era de todo assim tão terrível. Na realidade, sua sombra foi levantada deles desde que os operários têm o poder para golpear contra eles. Eles o substituíram com uma classe soberana, governando e mandando numa classe de explorados escravos que são perpetuamente aterrorizados por uma punição de longe pior que aquela que tiveram na sua guerra contra os burgueses.

4. O país está dividido em duas classes: os diligentes e os atrasados. Os diligentes são os empregadores e os lideres; os atrasados são os operários e os conduzidos. É uma lei natural que os diligentes explorem os atrasados. A única questão é quanta mais liberdade e padrão de vida eles deixam para os atrasados. Também, quanto trabalho os diligentes exigirão deles?

Os atrasados são sempre a vasta maioria na sociedade. Os diligentes são senão dez por cento dela, que é a quantidade exata necessária para operar a sociedade. Se a percentagem é aumentada ou diminuída, há uma crise.

Há crises na sociedade burguesa. Crises na sociedade comunista assumirão uma forma diferente, mas com a mesma quantidade de dor. O nome "diligentes" também inclui seus herdeiros e aqueles que subornam os diligentes. O nome "atrasados" também se relaciona aos diligentes que por alguma razão foram jogados para a classe dos atrasados.

5. A respeito da religião: O estado moral permanente não deriva da religião, mas da ciência. "Empírico Criticismo", 324 [Esta é uma declaração feita por Lenin no seu Livro, Materialismo e Empírico Criticismo].

6. Moralidade baseada em benefício público existe em animais sociais, também. Contudo, isto não é suficiente uma vez que ela alterna para a vulgaridade onde é prejudicial para a sociedade, tal como o grande assassinato patriótico, carregado aos ombros dos nacionalistas. Logo, somente moralidade baseada em religião é duradoura, válida e insubstituível. Encontramos o mesmo entre as nações selvagens, cujo nível de moralidade é de longe maior que nas nações civilizadas.

7. Uma sociedade não pode ser boa a menos que sua maioria seja boa. Contudo, alguns atordoam ou atiçam a maioria má com todos os tipos de invenções até que sejam obrigados a escolher uma boa liderança. Isto é o que todas as democracias fazem. Por fim, a maioria

aprende, ou os outros os ensinam e eles escolhem uma má liderança que corresponde a sua má vontade.

8. Podemos compreender porque Marx e Engels decidiram que a perfeição do comunismo significa "Trabalhar de acordo com a habilidade e receber de acordo com as necessidades. Quem o forçou sobre eles? Porque não era suficiente receber de acordo com a produção de um e não a igualar com um negligente, ou com aquele que não tem filhos? A questão é que o comunismo não perdurará pelo caminho do egoísmo, mas pelo caminho do altruísmo, pelas supracitadas razões.

Notícias

Pelo mesmo modo que exterminaram os capitalistas, também foram obrigados a exterminar os camponeses. Em acréscimo, no sentido de alegria da vida, sempre serão forçados a destruir o proletariado. Embora Marx e Engels tenham sido os primeiros a colocar a correção do mundo sobre o proletariado, não lhes ocorreu o fazer sob coação, mas em vez disso democraticamente. Por esta razão, os trabalhadores tinham de ser a maioria e então estabelecer um governo de proletariado onde os líderes do regime gradualmente corrigiriam até que chegassem ao altruísmo abstrato – "cada um de acordo com suas ações e cada um de acordo com suas necessidades".

Lenin acrescentou a isso no estabelecimento do regime comunista ao forçar a opinião da minoria sobre a maioria, esperando que posteriormente, o altruísmo fosse conduzido entre eles, também. Tudo o que foi necessário para isto foi um campo armado de proletariado. Uma vez que os proprietários estão espalhados, o governo podia tomá-lo pela força e então vir e derrotar os fracos e desorganizados proprietários.

Nisso, ele discordou com Marx e disse que era muito pelo contrário; nos países atrasados é mais fácil os derrotar, e tudo o que era necessário era transformar os soldados em comunistas e destruidores de proprietários e tomar suas posses. É fácil atiçar soldados a matar e pilhar os proprietários num país atrasado.

Foi por isso que ele compreendeu que não encontrará uma multidão mais rude que no seu próprio país, e deste modo disse que o seu país será o primeiro. Contudo, ele viu de facto, que não era suficiente destruir os dez por cento capitalistas, mas que milhões de agricultores também deviam ser destruídos, ele cansou-se, porque é impossível destruir meia nação.

Então chegou Stalin, que disse que os fins justificam os meios e tomou sobre si mesmo a tarefa de destruir os agricultores, também. Ele foi bem-sucedido.

Contudo, nem um deles também considerou que no fim, eles precisariam da boa vontade do proletariado, para trabalhassem e instassem a conduta do altruísmo neles; que os traria a este lema. Isto é absolutamente impossível. A natureza não pode ser mudada para que não só um trabalhe pelas suas necessidades, mas pelas necessidades do seu amigo. Isto é absolutamente impossível sem coação e patrulhamento. Derradeiramente, a maioria se levantará e revogará o regime.

Mentirosos são aqueles que disseram que o idealismo é ora natural ou um resultado da educação. Em vez disso, ele é um resultado direto da religião. Enquanto a religião não se expandir suficientemente pelo mundo, o mundo inteiro era bárbaro, sem uma onça de consciência.

Somente depois de servos do Criador se terem expandido, a posteridade dos agnósticos se tornou idealistas. Logo, o idealista é somente assim devido à ordem de seus antepassados. Contudo, é uma ordem órfã, ou seja, sem um comandante.

Se a religião fosse cancelada por completo, todos os governos se tornariam Hitlers. Nada os impediria de aumentar os benefícios do seu país incessantemente. Até hoje, os governos não conhecem sentimentos. Contudo, ainda há um limite para os seus atos entre o imóvel e os idealistas no país. Quando a religião for revogada, não será difícil que governantes desenraizem os remanescentes idealistas, como não foi difícil para Hitler e Stalin.

A diferença entre o idealista e o religioso é que as ações do idealista não têm fundamento. Ele não consegue convencer qualquer um da sua preferência pela justiça e quem assim a necessita. Talvez seja senão fraqueza do coração, como disse Nietzsche? Ele não terá uma palavra sensível para proferir, que é porque Stalin e Hitler os dominaram. Contudo, se os religiosos audazmente contrariarem que assim é ordenado pelo Senhor, e dariam sua vida por isso...

Se minhas palavras produzem benefício, bom. Se não, as últimas gerações saberão porque o comunismo foi revogado, que não foi porque não podia ser sustentado, como dizem os capitalistas, mas porque os líderes não compreenderam como estabelecer esse regime. Eles ergueram um regime de egoísmo onde deviam ter estabelecido um regime de altruísmo.

Se qualquer um discordar comigo e disser que a educação será suficiente para isso, permito-o estabelecer uma sociedade para si mesmo baseada somente na educação, mas não farei parte dela. Sei demasiado bem que estas são coisas inúteis. Logo, pode ele me assistir a estabelecer uma sociedade baseada na religião?

Apêndices

E

Rascunhos

[Quatorze pedaços que formam apêndices ou rascunhos para o ensaio apresentados na Parte Um]

Seção Um

[Esta secção contém inscrições que parecem ser cabeçalhos que o autor escreveu para suas próprias necessidades para escrever o ensaio apresentado na Parte Um. Esta é uma espécie de primeiro e geral rascunho.]

"Comunismo crítico nunca foi recusado, ou recusa agora, acolher a abundância das ideias ideológicas, éticas, psicológicas e educativas que podem ser alcançadas ao estudar as várias formas de comunismo" (Antônio Labriola (1843-1904), um teórico italiano Marxista). [1]

2. "Pensássemos nós hoje como Marx e Engels pensaram, num tempo em que eles mesmos aqui estivessem hoje, pensariam o inverso ... defendendo os mortos em vez dos últimos", etc. (de Georgi Plekhanov' introduções ao Manifesto Comunista) [2].

O Positivo

Evidência para o comunismo altruísta

Regras para a sociedade comunista altruísta

Para o comunismo internacional

Para uma religião benéfica

Promover a expansão da religião

Comunismo egoísta precede ao comunismo altruísta

Para a guarda do Judaísmo.

O Negativo

A fraqueza do regime do comunismo egoísta (8)

Guerras não se tornarão obsoletas (9)

Provas que o comunismo egoísta não pode durar (10)

Motivos do Sionismo (11)

Israel deve ser um modelo exemplar para as nações (12)

A respeito do regime egoísta (13)

Ética (14)

10/2 14/8 14/4 Comunismo é egoísta no decorrer, embora seja eventualmente altruísta.

8/1 3/3 O mundo deve ser dividido em duas espécies: egoístas e altruístas 0/0.

10/3 10/1 10/2 10/6 A maioria do público é sempre anticomunista

8/2 Por esta razão o regime comunista deve depender de baionetas.

13/7 Os atrasados no governo do comunismo egoísta

Deste 8/9 a 9/1 Comunismo não nos salvará das guerras.

Comunismo deve ser internacional, desde 3/2 a 12/1/2.

11/1 Fortalecer o Sionismo, especialmente os kibutzim, que estão em perigo de desaparecer.

Um governo comunista sobre anticomunistas não sobreviverá com baionetas. Esses idealistas que estão no poder hoje não serão eleitos na segunda geração, mas em vez disso os gestores egoístas, como eles e eles se voltarão ao Nazísmo.

Falo somente do proletariado, os fracos e desses idealistas que dedicam suas vidas por eles. Não falo, contudo, dos diligentes porque eles não serão carentes sob qualquer regime. Até o pior regime, eles não serão privados e não faz diferença se forem chamados "industrialistas", "comerciantes", ou "gestores", ou "distribuidores".

Ainda assim, embora o acasalar dos altruístas com egoístas tenha tido sucesso em derrubar o governo burguês, é absolutamente desadequado para estabelecer uma sociedade cooperativa feliz, com desejam os fundadores. Além do mais, é ao contrário, uma vez que esse acasalamento dos comunistas idealistas com os egoístas oprimidos está destinado a se romper, deixando o caos social na sua aurora.

1) Quanto deixar

2) Qual é a medida de escravidão

3) Qual é a medida de liberdade

Não há correção para os fracos a menos que escolham o comité.

3) Os diligentes não os deixarão sair de seus países

3) No fim, eles condenarão à morte os idosos e doentes

1) Quando comerciantes se tornam distribuidores, os compradores se tornarão receptores de caridade

2) Titularidade e controlo não são o mesmo

3) um Em um regime forçado não existirá eleições democráticas

2) Em tal regime, os cidadãos são completamente inconsequentes aos olhos do governo

2) Em tal regime os gestores escravizarão ainda mais

2) Em tal regime os empregadores serão capazes de ocultar sua crueldade

Explicando o Hitlerismo

1) Religião é a única base sólida para correções

1) Religião é a única base sólida para elevar o padrão moral

1) Até se ele começar com coação, ele termina com voluntariedade

2) Comunismo não deve ser estabelecido antes do altruísmo se ter espalhado pela maioria do público

1) Religião e ideais complementam-se uma à outra: uma é para os poucos, a outra é para as massas.

3) Devido ao anseio do homem de trabalhar menos e receber mais, eles serão capazes de assumir a religião comunista antes de uma religião egoísta ter abrangido um terço do mundo.

4) Se chegasse a uma ilha onde selvagens de destroem uns aos outros, hesitaria em lhes oferecer uma religião pela qual salvar suas vidas?

5) O homem não será capaz de se acomodar com secos mandamentos; ele precisa de uma filosofia que lhe explique suas boas ações. Foi isto que eles prepararam.

SEÇÃO DOIS

Para a Introdução

1. Eu já transmiti os rudimentos de minha percepção em 1933. Falei também aos líderes da geração, mas nessa altura, minhas palavras não foram aceites, embora gritasse como uma garça, alertando sobre a destruição do mundo. Eis que, não fez impressão.

Agora, contudo, depois das bombas atómicas e de hidrogénio, penso que o mundo acreditará em mim que o fim do mundo vem rapidamente e que Israel será a primeira nação a ser queimada, como na guerra anterior. Logo, hoje é bom despertar o mundo para aceitar o único remédio, e eles viverão e existirão.

2. Devemos entender porque Marx e Engels necessitavam o derradeiro comunismo, onde cada um trabalha de acordo com sua habilidade e receber de acordo com suas necessidades. Porque precisamos desta rígida condição, sendo a medida de "o que é meu é seu e o que é seu é seu", o altruísmo absoluto?

Nesse respeito, cheguei para provar neste artigo que não há esperança que o comunismo exista, se não trazido a este fim, que é o altruísmo completo. Até então, nada é senão fases no comunismo.

Uma vez que já provei a exatidão do leme, "Cada um de acordo com sua habilidade e cada um de acordo com suas necessidades", precisamos de ver se estas fases podem produzir este resultado.

Hoje, as definições, "burguês" e "proletariado", não mais são suficientes para explicar a história da economia. Em vez disso, precisamos de termos mais gerais: a "Classe dos Diligentes" e a "Classe dos Atrasados" (acima na secção "Debate", item 4.

Após vinte e cinco anos de experiência, estamos absortos a respeito da felicidade completa e que o regime comunista nos prometeu. Seus oponentes dizem que ele é o mal absoluto e seus apoiantes dizem que é o céu na terra.

Certamente não devemos lançar fora as palavras dos oponentes com um golpe, porque quando um quer conhecer as qualidades dos outros, ele deve questionar tanto seus amigos como inimigos. É uma regra que os amigos conhecem somente os as virtudes e nem um único defeito, pois "amor cobre todas as transgressões", Estes rivais são o oposto: Eles só conhecem os defeitos, pois "ódio cobre todas as virtudes".

Logo, um só conhece a verdade quando escutando as palavras de ambos. Desejo examinar cuidadosamente o comunismo e explicar suas vantagens e desvantagens. Maioritariamente, desejo explicar as correções, como todos os seus defeitos podem ser corrigidos para que cada um veja e admita que este regime é certamente o regime que traz tanto justiça quanto felicidade.

Quão felizes fomos quando o comunismo chegou a uma experimentação prática numa nação tão grande como a Rússia. Foi claro para nós que passados alguns anos de governo de justiça e felicidade aparecerem perante o mundo e assim o governo capitalista desapareceria num piscar de olhos.

Todavia, não foi esse o caso. Pelo contrário, todas as nações civilizadas falam do regime comunista Soviético como uma má reformação. Assim, não só o regime burguês não foi cancelado, em vez disso ele cresceu duas vezes mais que antes da experiência Soviética.

SEÇÃO TRÊS

Porque é que o comunismo teve de assumir a forma de "cada um de acordo com sua habilidade e cada um de acordo com suas ações"? Um governo comunista não pode perdurar sobre uma sociedade anticomunista, uma vez que um governo apoiado sobre baionetas não é sustentável.

Comunismo edificado sobre ondas de inveja pode somente derrubar e arruinar os burgueses, mas não beneficiar o proletariado. Inversamente quando os burgueses forem aniquilados, as flechas de ódio apontarão para trás.

Nada pode garantir um governo poderoso para gerações futuras senão a religião. Até se os progenitores forem idealistas e assumiram o comunismo, não há certeza que seus descendentes o persigam. Tanto quanto o mais, se os progenitores o tiverem assumido sob força e coação, que é a conduta do comunismo egoísta, eles derradeiramente se levantarão e o demolirão.

Um regime comunista não pode existir em cima de uma sociedade anticomunista. Ele teria de combater os anticomunistas no decorrer de seus dias. Isto assim é porque cada pessoa é naturalmente possessiva; um não consegue trabalhar sem motivação.

As baionetas do exército não transformação a natureza do homem no contrário e os idealistas são poucos. Vários milhares de anos de penas repousam sobre as cabeças dos ladrões, assaltantes e fraudulentos, todavia eles não mudaram sua natureza embora possam obter tudo legalmente.

É muito em semelhança com aquele que chega a uma sociedade de ladrões e assassinos, querendo conduzi-los e os restringir aos caminhos legais pela força. Tem de explodir.

Duplicar. Duplicar. Duplicar.

Porque a opinião da maioria está garantida a vencer, tanto quanto o mais é com a implementação do comunismo. Ele não persistirá senão através da maioria do público. Assim, devemos perpetuar o nível moral do público de tal maneira que ele nunca seja corrompido.

Religião é a única base sólida que persistirá durante gerações. Comunismo deve ser transformado para o modo de "o meu é seu e o seu é seu", ou seja, altruísmo absoluto. Depois da maioria do público o alcançar, ela observará, "Cada um trabalhará de acordo com sua habilidade e receberá de acordo com suas necessidades".

Antes que a maioria do público alcance este nível de moralidade, é proibido nacionalizar a propriedade pelas supracitadas razões.

SEÇÃO QUATRO

Nacionalização perante o público está pronta, pois ela é semelhante a demolir sua casa instável antes que tenha os meios para construir uma forte.

Divisão justa não significa igualar os diligentes aos atrasados. Isto seria ruinoso para o público. Em vez disso, significa igualar os atrasados aos diligentes.

Comunismo egoísta agora existe através de um grupo de idealistas que o conduzem. Todavia, em gerações futuras, o público não vai eleger idealistas, mas somente os mais capazes, que não estão limitados pelo ideal e então o comunismo assumirá a forma do Nazismo.

No Comunismo Egoísta, os empregadores desejam reduzir o consumo do trabalhador e aumentar a produção, que será sempre questionável se suficiente. Imperialismo é melhor que isso, uma vez que os empregadores querem aumentar o consumo do trabalhador e igualar a produtividade ao consumo.

SEÇÃO CINCO

As definições, "burguês" e "proletariado" não são mais suficientes para explicar a história. Em vez disso, deve ser dividido em "Classe Diligente" e a "Classe Atrasada".

É uma lei natural que a classe diligente explorará a classe atrasada, como os peixes no mar, onde os fortes engolem os fracos. Não faz diferença se os diligentes são burgueses, ou os funcionários do governo comunista. Em vez disso, a questão é quanta liberdade e prazer deixam eles para os atrasados.

A classe diligente são dez por cento e a classe atrasada conduzida por eles são noventa por cento da sociedade. Não há correção para os atrasados a menos que eles mesmos escolham esses diligentes que os governarão. Se não tiverem este poder, eles acabarão por serem explorados sem inibições pelos diligentes.

SEÇÃO SEIS

A classe diligente, ou seja, os governantes e os inspetores, estão destinados a criar um exílio tal como no Egito sobre a classe atrasada, que são os trabalhadores. Isto assim é porque os governantes acumulam todo o excesso dos trabalhadores nas suas mãos e levam a parte maior.

Em acréscimo, pelos fins do benefício do público, eles não deixarão que qualquer trabalhador de sob suas mãos para um país diferente; eles os guardarão como a Israel no Egito. Nenhum escravo os abandonara e será livre. No fim, a classe diligente condenará à morte os todos os idosos e aleijados que comem e não trabalham, ou até se comerem mais que possam trabalhar, pois isso é prejudicial para a sociedade, como é sabido não têm sentimentos.

Quando mercadores e os corretores se tornam tesoureiros, os compradores se tornarão os recipientes de caridade de suas mãos. Seu destino seria determinado pela misericórdia dos tesoureiros, ou tanto quanto temerem os inspetores, caso tenham interesse nisso.

Uma vez que a titularidade e controlo não são o mesmo, por exemplo, com um navio que pertence ao estado, cada cidadão tem titularidade sobre ele, todavia nenhum direito de entrada, mas somente como a administração que o controla achar adequado. Também, até se houver um governo do proletariado, eles não terão preferência nas posses governamentais que agora têm na propriedade burguesa. Isto assim é porque todo o controlo será detido somente pelos executivos, que são os burgueses de hoje, ou aqueles semelhantes a eles.

Tal estado, onde comunistas governam anticomunistas, deve estar nas mãos da oligarquia, em completa ditadura, onde todos os cidadãos são considerados nada, sujeitos a brutais punições de acordo com o coração arbitrário de todo e cada executivo. Inversamente, não assegurarão as necessidades do estado. Em tal regime, o governo deve garantir que não haja eleições democráticas dado que a maioria do público são anticomunistas.

Comunismo Egoísta não libera o proletariado ou que se pareça. Pelo contrário, em vez dos empregadores burgueses, que são clementes com os trabalhadores, instituirão uma classe de executivos e supervisores que escravizarão o proletariado pela coação e duras e amargas punições. A opressão e exploração serão a dobrar, porque no fim, os empregadores e os opressores levam o creme e os trabalhadores ficam com o leite coalhado. Em troca, são colocados sob constante medo da morte, ou punição mais dura que a morte.

Em tal estado, onde comunistas governam sobre anticomunistas, os executivos devem zelar para que os cidadãos não descubram o fardo e opressão sob que se encontram. Logo, assim que todos os trabalhos estejam nas suas mãos, eles proibirão os datilógrafos de datilografar e os oradores de falar, para que não critiquem suas ações ou semelhante. Em vez disso, serão obrigados a mentir e ocultar por eles e descrever um céu na terra e seu terror nunca será conhecido.

Tanto quanto o mais será com minorias que não são favorecidas pelos executivos por qualquer que seja a razão. Eles serão capazes de os aniquilar sem vergonha ou medo que se torne conhecido no exterior. E o que será dos Judeus, que a maioria do mundo odeia?

Certamente, é a verdade absoluta que não pode haver uma boa e completa sociedade a menos que sua maioria seja boa porque a gestão retrata a qualidade da sociedade e a sociedade é eleita pela maioria. Se a maioria for má, a gestão necessariamente será má, também, pois os ímpios não colocarão sobre eles governantes que eles não aprovem.

Não precisamos de deduzir das democracias modernas, pois elas usam várias tácticas para enganar os constituintes. Quando se tornarem mais sábios e compreenderem sua astúcia, a maioria certamente elegerá uma gestão de acordo com seu espírito. E sua principal táctica é que primeiro santifiquem o povo com boa reputação e os promovam como sábios ou como justos e então as massas os acreditarão e os vão eleger. Mas uma mentira não persiste para sempre.

Isto explica o Hitlerismo. O que aconteceu aos Alemães é uma das maravilhas da natureza. Eles eram considerados entre as mais civilizadas nações e de súbito, durante a noite, eles se tornaram selvagens, piores até que as mais primitivas nações na história.

Além do mais, Hitler foi eleito pelo voto da maioria. À luz do citado, é muito simples: Certamente, a maioria do público, que é essencialmente má, não possui opiniões, até entre as nações mais civilizadas. Em vez disso, eles enganam a maioria do público. Portanto, embora a maioria do público seja má, pode haver uma boa liderança.

Porém, caso uma pessoa má, capaz de descobrir o engano que os gestores empregam com as pessoas famosas que criam, venha e apresente as pessoas que devem ser eleitas de acordo com seu espírito e desejo, tal como fez Hitler (e Lenine e Trotski [Leon Trotski, 1879-1940, um revolucionário Marxista Judeu]), não é surpresa que eles derrubem os fraudulentos e elejam maus líderes de acordo com seu espírito.

Assim, Hitler foi certamente eleito democraticamente e a maioria do público se uniu por trás dele. Posteriormente, ele subjugou e desenraizou todas as pessoas idealistas e fez com as nações como desejou ou como o povo desejou.

Esta é toda a novidade. Desde o início dos tempos, nunca aconteceu que a maioria do público governasse um estado. Ora o fizeram os autocratas, que, no fim do dia, têm alguma medida de moralidade, ou a oligarquia, ou os democratas enganadores. A maioria do povo simples governou somente nos dias de Hitler, que, em acréscimo promoveu torpeza para com as outras nações. Ele elevou o benefício do público até ao nível da devoção uma vez que ele compreendeu a mentalidade dos sádicos. Quando lhes dado espaço para descarregar seu sadismo, eles pagariam por isso com as vidas.

SEÇÃO SETE

Comunismo Egoísta não pode prevenir guerras, uma vez que as nações diligentes, ou as ricas em matérias primas, não quererão partilha igual com as nações pobres e atrasadas. Assim, uma vez mais não devemos esperar a paz, senão pelo meio da prevenção de guerras, ou seja, ao preparar armas para guardar contra a inveja e ódio das nações pobres e atrasadas, tal como hoje. Tanto quanto o mais, haverá ainda mais guerras devido às mudanças de ideais, tais como o Titoísmo e o Sionismo.

Já falei e escrevi sobre isso em 1933 e gritei como uma garça que as guerras de hoje destruirão o mundo, mas eles não acreditaram nisso. Mas agora, depois das bombas atómica e de hidrogénio, penso que todos acreditarão em mim que não formos salvos das guerras, isso será o fim do mundo.

SEÇÃO OITO

Se o comunismo é justo para com cada nação, então ele é justo para todas as nações. Que prerrogativa e titularidade sobre matérias primas no solo tem uma nação sobre as outras? Quem legislou esta lei proprietária? Tanto quanto o mais quando a adquiriram pelo meio de espadas e baionetas!

Também, porque deve uma nação explorar a outra se isso é injusto para todo o indivíduo? Numa palavra: Tal como a abolição de propriedade é justa para o indivíduo, também ela é justa para cada nação. Somente então haverá paz na terra.

Considerai isto: Se leis da propriedade e regras de herança não permitem direitos de posse aos indivíduos, porque o devem permitir a uma nação inteira? À medida que a divisão justa for aplicada entre indivíduos dentro da nação, deve haver também divisão internacionalmente justa de matérias primas, meios de produção e posses acumuladas para todas as nações igualmente. Não deve haver diferença entre brancos e pretos, civilizados e primitivos, tal como entre os indivíduos dentro de uma única nação, ou todas as nações no mundo. Enquanto houver qualquer diferenciação, guerras não terminarão.

Não há esperança de alcançar o Comunismo Internacional através do Comunismo Egoísta. Até se a América, Índia e China adoptarem um regime comunista, não haverá ainda elemento que obrigue os americanos a igualar seu padrão de vida com os indianos e africanos selvagens e primitivos.

Todas as curas de Marx e Lenine não servirão de nada aqui, atiçando a classe pobre para roubar a classe rica, dado que os ricos já têm armas prontas para se guardarem a si mesmos. Logo, de nada serve, então o Comunismo Egoísta foi em vão, pois ele não prevenirá guerras que se pareça.

SEÇÃO NOVE

É um facto que Israel é odiada por todas as nações, seja por razões religiosas, raciais, capitalistas, comunistas ou cosmopolitas, etc. Isto assim é porque o ódio precede a todas as razões, mas cada um meramente resolve seu desprezo de acordo com sua própria psicologia. Nenhum conselho aqui ajudará, senão iniciar o Comunismo Altruísta internacional e moral entre todas as nações.

Israel deve ser a primeira entre as nações a assumir o Comunismo Altruísta internacional. Ela deve ser um modelo demonstrando o bem e beleza deste governo. Porque se sofrerem sofrerão da tirania das nações mais que todas as outras nações, eles são como o coração que arde antes que todos os outros órgãos. Assim, eles são mais adequados a adoptar o governo adequado primeiro.

Nossa própria existência no estado de Israel encontra-se em perigo de acordo com a presente ordem económica, levará muito tempo até que nossa economia esteja estabilizada. Muito poucos serão capazes de atravessar a experiência da provação no nosso país enquanto eles podem emigrar para outros países ricos. Pouco a pouco, escaparão ao desconforto até que muito poucos permaneçam para merecer o nome "Estado", e eles serão engolidos entre os árabes.

Mas se aceitarem o regime do Comunismo Altruísta Internacional, não só terão a satisfação de estarem na avant-garde para a entrega do mundo, pois saberão que vale a pena o sofrimento, mas também serão capazes de controlar suas almas e baixar o padrão de vida quando necessário. Serão capazes de trabalhar o suficiente para assegurar uma economia sólida para o estado.

Tanto quanto o mais com os kibutzim, cuja própria existência é edificada sobre idealismo, que naturalmente se vai esvaecer em gerações futuras, pois ideais não são hereditários. Indubitavelmente, eles serão os primeiros na ruína.

Religião é a única base sólida para aumentar o nível moral da sociedade até que cada pessoa trabalhe de acordo com sua habilidade e receba de acordo com suas necessidades.

Pouco claro...

Se vivesse numa ilha de selvagens, cujas vidas não pudesse salvar, os preveniria de ferozmente se exterminarem a si mesmos, senão pelo meio da religião, então duvidaria ordenar suas vidas com uma religião que fosse suficiente para salvar esta nação da erradicação do mundo?

Em respeito ao Comunismo Altruísta, todos são selvagens. Não há táctica para impor tal regime no mundo, senão pelo meio da religião, pois a obrigação religiosa se torna concordável na descendência, como vimos acontecer em nações que aceitaram a religião pela força e coação.

Contudo, na coação através da educação e opinião pública, que não é hereditária na descendência, ela só diminui com o tempo. Assim, diria que é melhor que o mundo inteiro se destrua em vez de impor sobre eles certa causa para os conduzir para a vida e felicidade? É difícil acreditar que qualquer pessoa sana hesitaria aqui.

É impossível ter uma sociedade democrática estável senão pelo meio de uma sociedade cuja maioria seja boa e honesta, dado que a sociedade é conduzida pela maioria, para o melhor ou para o pior. Assim, o regime do Comunismo Altruísta não deve ser estabelecido a menos que a maioria do público esteja pronta para se comprometer a ele durante gerações. Isso pode ser assegurado somente através da religião porque a natureza da religião é que embora ela inicie pela coação, ela termina voluntariamente.

Religião e idealismo complementam-se uma à outra. Onde o ideal não pode estar na maioria, a religião forçosamente governa na maioria primitiva, incapaz de ideais devido a sua possessividade e seu desejo de trabalhar menos que seu amigo e receber mais.

É impossível erguer o Comunismo Altruísta antes que o Comunismo Egoísta se expanda. Contudo, agora que um terço do mundo assumiu o Comunismo Egoísta, o poder da religião pode ser usado para estabelecer o Comunismo Altruísta.

A humanidade não será suficiente com secos decretos sem os acompanhar com razoáveis explicações que apoiem e fortaleçam estas condutas, ou seja um método filosófico. Nesse respeito, há já pronta uma inteira filosofia a respeito da vontade de doar, que é o Comunismo Altruísta, suficiente para contemplar a sua vida inteira, e assim se fortalecer a si mesmo através das ações de doação.

SEÇÃO ONZE

O Comunismo Egoísta derradeiramente adoptará a forma de Nazismo puro, mas na aparência de Nacional Comunismo. Porém, esta diferença de nomes não inibe qualquer um dos atos satânicos de Hitler. Assim, os Russos serão a "Nação Suprema" e o mundo inteiro seus servos submissos como no caminho de Hitler.

No regime burguês, competição livre é o combustível principal para o sucesso. Os industrialistas e os comerciantes brincam nele; os vencedores são muito felizes e aqueles que não vencem sofrem um fim amargo. No meio deles está o proletariado, não tendo quota neste jogo. Isto é aparentemente natural, nem subindo ou caindo. Contudo, devido a sua habilidade de fazer greve, seu padrão de vida está assegurado.

Derradeiramente, tanto nos governos comunista e burguês, os atrasados são desadequados à liderança, embora sejam a maioria do público. Em vez disso, eles devem eleger líderes de entre os diligentes. Contudo, porque são eleitos por eles, podem ter esperanças de não serem tão explorados.

Inversamente, no governo do Comunismo Egoísta, os gestores não são eleitos pela maioria do público, uma vez que são anticomunistas, como na Rússia e nos outros, onde os eleitos são somente de entre os comunistas. Assim, eles enfrentam certamente um amargo fim, dado que o proletariado não tem um único representante na liderança.

Tudo o mencionado adere à regra de o proletariado serem anticomunistas por natureza. Os Proletários não são idealistas; eles são a maioria atrasada da sociedade e pensam que "divisão justa" significa que recebem uma quota igual com os diligentes. Os diligentes nunca vão querer isso.

Minhas palavras relacionam-se somente ao proletariado, ou seja, os atrasados, que são a maioria da sociedade. Os diligentes e os intelectuais sempre sugarão o creme, seja num governo comunista ou num governo burguês. É razoável pensar que muitos deles estarão melhores num regime comunista, dado que não temerão o criticismo, como está escrito no item...

Somente vós, o proletariado atrasado, passarão mal num regime comunista. Contudo, a classe diligente terá um nome diferente: gestores e supervisores. Eles passarão melhor porque se livrarão da competição, que toma sua cobrança sobre os burgueses e receberão sua quota persistente e abundantemente.

Os atrasados não têm conselho e invenção para eliminar o medo, desemprego, infâmia, senão com o Comunismo Altruísta. Assim, minhas palavras não estão direcionadas aos diligentes e intelectuais, pois eles certamente não aceitarão minhas palavras, mas somente o proletariado e os atrasados. Eles serão capazes de me compreender e para eles falo eu, bem como para aqueles que poupam as vidas dos atrasados e simpatizam com sua angústia.

É uma das liberdades do homem não estar atado a um lugar, como as plantas, que não podem abandonar seu habitat. Assim, cada país deve garantir que não inibe cidadãos de se mudarem para outro país. Deve também ser garantido que nenhum país feche seus portões perante estranhos e imigrantes.

Um governo de Comunismo Altruísta não deve ser instigado antes que a maioria do público esteja preparada para a doação de um sobre o outro.

Por fim, o Comunismo Altruísta vai circular o mundo inteiro e o mundo inteiro terá o mesmo padrão de vida. Porém, o processo em si mesmo é lento e gradual. Cada nação, cuja maioria do público foi educada para a doação de um sobre o outro, entrará primeiro na estrutura Comunista Internacional.

Todas as nações que já entraram na estrutura Comunista Internacional terão um padrão de vida igual. Logo, o excesso de uma nação rica ou diligente melhorará o padrão de vida de uma nação atrasada ou pobre em matérias primas e meios de produção.

A forma religiosa de todas as nações deve primeiro obrigar seus membros à doação de um sobre o outro à extensão que (a vida do amigo de um venha primeiro que a sua própria vida), como em "Ama teu amigo como a ti mesmo". Um não tomará mais prazer na sociedade que um amigo atrasado.

Esta será a religião coletiva para todas as nações que entrem dentro da estrutura do comunismo. Porém, além disso, cada nação pode seguir sua própria religião e tradição e uma não deve interferir com a outra.

As regras de religião igual para o mundo inteiro são as que se seguem:

1. Um deve trabalhar para o bem-estar das pessoas tanto quanto ele puder e até mais que na sua habilidade, se necessário, até que não haja fome e sede no mundo inteiro.

2. Um pode ser diligente, mas nenhuma pessoa desfrutará mais na sociedade que os atrasados. Haverá um padrão de vida igual para todos.

3. Embora haja religião, provas de honras devidas serão concedidos de acordo com a religião; quanto maior o benefício que um contribui para a sociedade, maior a condecoração que ele receberá.

4. Se refrear de demonstrar a diligência para o benefício da sociedade induzirá punição de acordo com as leis da sociedade.

5. Todo e cada um está comprometido ao trabalho de elevar cada vez mais alto o padrão de vida da sociedade mundial, para que todas as pessoas no mundo desfrutem de suas vidas e sintam mais e mais felicidade.

6. O mesmo se aplica à espiritualidade, embora nem todos estejam obrigados a se envolver na espiritualidade, mas somente pessoas especiais, dependendo da necessidade.

7. Haverá uma espécie de supremo tribunal. Aqueles que quiserem dedicar seu trabalho à vida espiritual terão de ser permitidos a assim o fazerem por este tribunal.

Elaborando sobre outras leis necessárias:

Qualquer um, indivíduo, ou um grupo, que venha sob a estrutura do Comunismo Altruísta, deve fazer um voto solene de manter tudo isso porque o Senhor assim ordenou. No mínimo um deve apelar para ensinar seus filhos que que o Senhor assim ordenou.

Aqueles que dizem que o ideal é suficiente para eles devem ser aceites e testados. Se assim for, eles podem ser aceites. Contudo, devem ainda prometer não transmitir seus caminhos hereges aos seus filhos, mas os entregar para serem educados pelo estado. Se um não aceitar nenhuma das duas, ele não deve ser aceite que se pareça. Ele corromperia seus amigos e perderia mais que ganharia.

Primeiro deve haver um pequeno estabelecimento, cuja maioria do público esteja disposta a trabalhar tanto quanto puder e receba tanto quanto necessitar por razões religiosas. Ela trabalhará tão diligentemente como trabalhadores contratados, até mais que o dia de oito horas laborais. Ela vai conter todas as formas de governo de um estado completo. Numa palavra, a ordem dessa pequena sociedade será suficiente para todas as nações do mundo, sem somar ou subtrair.

Esta instituição será como um ponto global focal para as nações e estados que a rodeiam até aos mais longínquos cantos do mundo. Todos aqueles que entrarem nesta estrutura assumirão a mesma liderança e a mesma agenda que a instituição. Logo, o mundo inteiro será uma única nação, em lucros, perdas e resultados.

Juízos que dependam da força serão revogados completamente nesta instituição. Em vez disso, todos os conflitos entre os membros da sociedade serão resolvidos entre as partes envolvidas. Opinião pública geral condenará qualquer um que explore a retidão do seu amigo para seu próprio bem.

Haverá um tribunal, ele só servirá para resolver dúvidas que apareçam entre as pessoas, mas não dependera de qualquer força. Aquele que rejeitar a decisão do tribunal será condenado pela opinião pública e é tudo.

Não devemos duvidar de sua suficiência, pois era inacreditável que crianças pudessem ser educadas somente pela explicação, mas somente através da vara. Contudo, hoje, a parte maior da civilização tomou sobre si mesma se refrear de bater em crianças e este ensino é mais bem-sucedido que o método anterior.

Se houver um que é exceção na sociedade, ele não deve ser trazido perante um tribunal que dependa da força, mas deve ser reformado através da argumentação e explicação. Se todos os conselhos não servirem de nada, o público se afastará dessa pessoa como se de um exilado. Logo, ele não será capaz de corromper os outros na sociedade.

É importante fazer tal correção para que nenhuma pessoa exija suas necessidades da sociedade. Em vez disso, haverá nomeados que andarão de porta em porta, examinando as necessidades de cada um e eles proverão para ele, eles mesmos. Logo, os pensamentos de cada um estarão devotados à doação sobre seu semelhante e nunca terá de pensar em suas próprias necessidades.

Isso é baseado na observação que no consumo somos como qualquer outro animal. Em acréscimo, toda a ação desprezível no mundo deriva do consumo. Inversamente, vemos que toda a ação alegre no mundo deriva do atributo da doação sobre o seu semelhante. Logo, devemos restringir e rejeitar pensamentos de consumo para si mesmo, e preencher nossas mentes somente com pensamentos de doação sobre nosso semelhante. Isso é possível na supracitada maneira.

A liberdade do indivíduo deve ser mantida desde que não seja prejudicial para a sociedade. Contudo, aquele que desejar abandonar a sociedade em favor de outra não deve ser detido de qualquer maneira, até se isso for prejudicial para a sociedade, de um modo que a sociedade não seja arruinada por completo.

SEÇÃO DOZE
Circulação
Há três rudimentos para a expansão da religião: Satisfação dos Desejos, Provas e Circulação.

1. Satisfação dos Desejos:

Em toda a pessoa, até secular, há uma centelha desconhecida que exige unificação com Deus. Quando ela por vezes desperta, ela desperta uma paixão de conhecer ou negar Deus, que é o mesmo. Se alguém gerar a satisfação deste desejo nessa pessoa, ela concordará com qualquer coisa. Para tal devemos acrescentar a questão da imortalidade da alma, a recompensa no mundo vindouro, glória do indivíduo, a glória da nação.

2. Provas:

Não há existência para o mundo sem ele, tanto quanto o mais nos dias das bombas atómicas e de hidrogénio.

3. Circulação:

As pessoas devem ser contratadas para circular as citadas palavras no público.

O Comunismo Egoísta precede ao Comunismo Altruísta, pois assim que tenha controlo para abolir a propriedade, é possível educar que a anulação da propriedade seja devido ao amor aos outros.

A segunda fase do comunismo, sendo Comunismo Altruísta, deve ser apressada, devido aos defeitos e força usados no Comunismo Egoísta, impedindo o mundo deste método por completo. Assim, é hora de descobrir a fase final do Comunismo Altruísmo, que possui toda a agradabilidade e não tem defeito.

Devemos também temer, caso a terceira guerra irrompa primeiro e o comunismo desapareça do mundo. Numa palavra, não há golpe mais duro para o governo capitalista que a supracitada forma perfeita de comunismo.

Já estamos a testemunhar que o regime capitalista é forte e o proletariado dos países capitalistas despreza o regime comunista. Isto está a acontecer devido à coação e força necessitadas nele devido ao controlo de um pequeno grupo de comunistas sobre uma sociedade anticomunista.

Assim, não devemos esperar que o regime seja cancelado por si mesmo. Muito pelo contrário, o tempo trabalha a seu favor. Enquanto os governos comunistas circularem o mundo, coação e sujeição neles envolvidas serão reveladas e que toda a pessoa comum despreza absolutamente, uma vez que um sacrificará tudo pela sua liberdade.

Há outra coisa: Uma vez que o comunismo não se espalha em países civilizados, mas nos primitivos, eventualmente, haverá uma sociedade de países ricos com alto padrão de vida e governo capitalista e uma sociedade de países pobres com um baixo padrão de vida e um governo comunista. Esse será o fim do comunismo. Nem uma única pessoa livre quererá ouvir falar dele, e ela ficará horrorizada como é o conceito de vender escravos pela vida é hoje horrorizado.

Pela expansão e circulação: Devemos recordar que toda a agonia, pobreza e matança, etc., não podem ser corrigidas senão através do Comunismo Altruísta. Nesse evento, não será difícil para uma pessoa dar sua vida por ele.

Judaísmo deve apresentar algo de novo às nações. Isto é o que elas esperam do retorno de Israel à terra! Não é noutros ensinamentos, pois nisso nunca nós inovámos. Neles, sempre fomos seus discípulos. Em vez disso, é a sabedoria da religião, justiça e paz. Nisto, maioria das nações são nossas discípulas e estas sabedoria nos é atribuída somente a nós.

Se este retorno for cancelado, o Sionismo será cancelado por completo. Este país é muito pobre e seus residentes estão destinados a passar muito sofrimento. Indubitavelmente, ou eles ou seus filhos gradualmente abandonarão o país e somente um número insignificante permanecerá, que por fim será engolido pelos árabes.

A solução para isso é somente o Comunismo Altruísta. Não só ele une todas as nações como uma, se ajudando umas às outras, ele também dota cada uma com tolerância para a próxima. Mais importante: o Comunismo produz grande poder no trabalho; assim, a produtividade laboral compensará as desvantagens da pobreza.

Se assumirem esta religião, o Templo pode ser construído e a glória antiga restaurada. Isto certamente provaria às nações a retidão do retorno de Israel à sua terra, até aos árabes. Contudo, um retorno secular tal como o de hoje não impressiona as nações ou que se pareça e devemos temer caso queiram vender a independência de Israel pelas suas necessidades, desnecessário é mencionar regressar a Jerusalém. Isto até assustaria os Católicos.

SEÇÃO TREZE

Até então, demonstrei que o comunismo e altruísmo são um e o mesmo, e também, que o egoísmo e o anticomunismo são o mesmo. Contudo, tudo isto é minha própria doutrina. Se questionar aos próprios líderes comunistas, eles negarão sem reservas.

Em vez disso, eles devem afirmariam que estão longe de qualquer sentimentalismo e moralidade burguesa e procurariam somente justiça pelo meio de "o que é meu é meu e o que é teu é teu". (Tudo isto lhes chegou devido a sua conexão com o proletariado.) Assim, deixai-nos examinar as coisas de acordo com sua percepção e examinemos esta justiça que eles procuram.

De acordo com o desenvolvimento dos governos de hoje, as definições "burguês" e "proletário" não são mais suficientes para explicar a história. Precisamos de definições mais gerais. Elas devem ser determinadas pelos nomes "diligentes" (que no segundo regime são os capitalistas e no regime comunista), e "atrasados".

Qualquer sociedade está dividida em diligentes e atrasados. Certos vinte por cento são diligentes e oito por cento são atrasados. É uma lei natural que a classe diligente explora a classe atrasada, como os peixes no mar, onde os fortes engolem os fracos. Nesse respeito, não faz diferença se os diligentes são capitalistas burgueses, ou gestores, supervisores e intelectuais. No fim, os mesmos vinte por cento diligente sempre sugarão o creme e deixarão o leite coalhado para os atrasados. Mas a questão e quanto exploram eles os atrasados e que tipo explora mais os atrasados—os burgueses ou os gestores e supervisores.

SEÇÃO QUATORZE

A base desta inteira explicação é a manifestação da substância da criação, espiritual e corpórea, sendo nada senão a vontade de receber, que é existência a partir da ausência. Contudo, o que esta substância recebe se prolonga de existência a partir da existência.

Logo, é claramente sabido o que é bom e o que o Senhor exige de nós, nomeadamente equivalência de forma. Pela natureza de sua criação, nosso corpo é senão um desejo de receber e não doar de todo. Isto é oposto ao Criador, que é todo doação e não receber de todo, pois de quem receberia Ele? Foi nesta disparidade de forma que a criação se tornou separada do Criador.

Assim, somos ordenados a ações de Torá e Mitzvot (preceitos) que tragam contentamento ao fazedor e doar sobre o nosso semelhante. Isto é em prol de adquirir a forma de doação e apegar uma vez mais ao Criador como antes da criação.

A DIFERENÇA ENTRE MIM E SCHOPENHAUER

[Artur Schopenhauer (1788-1860), Filósofo alemão]

1. Ele percebe-a como uma essência em si mesma, enquanto eu a percepciono como um tipo e um predicado. Sua essência pode ser desconhecida, mas o que quer que ela possa ser, ela se prolonga de existência a partir da existência.

2. Ele percepciona o desejo em si mesmo como uma ambição que nenhuma meta possa finalizar, mas em vez disso uma ascensão constante e impulso perpétuo. Comigo, contudo, ele está limitado a receber certas coisas e possa ser saciado, ou seja, direcionado.

Porém, alcançar a meta aumenta a vontade de receber, como em aquele que tem cem quer duzentos. Antes disso, a vontade de receber era limitada a receber somente cem; ela não queria duzentos. Deste modo, o desejo perpétuo é expansão do desejo; ele é a própria vontade de receber.

3. Ele não diferencia entre a vontade de doar e a vontade de receber. Comigo, somente a vontade de receber é a essência da criatura, enquanto a vontade de doar é uma Luz Divina, atribuída ao Criador, não à criatura.

4. Ele percepciona o desejo em si mesmo como um objeto, considerando-o uma forma e uma ocorrência no objeto. Comigo, a ênfase está em vez disso na forma do desejo, ou seja, a vontade de receber, mas o portador da forma da vontade de receber é uma essência desconhecida.

1) …Uma vez que ele considera o desejo o sujeito, ele deve definir certo desejo geral disforme. Assim, ele escolhe uma aspiração interminável pelos materiais e o que ele quer é a forma. Todavia, na verdade, não há anseio interminável aqui, mas um desejo crescente, que cresce de acordo com a direção e ele é uma forma e um caso no desejo.

A. No seu método, ele é uma essência; na minha, uma forma.

B. No seu método ele é um desejo interminável; no meu, ele está limitado na sua direção.

C. No seu método, não há diferença entre doar e receber; no meu, a vontade de receber é uma centelha do Criador.

D. No seu método, o anseio é uma substância e a qualidade da recepção, a forma; no meu, a qualidade de recepção é a substância da criação e o sujeito da qualidade é desconhecido. Seja ele o que for, ele é existência a partir da existência.

[1] Antônio Labriola, Ensaios sobre o Conceito Materialista da História, Parte 1: "Em Memória do Manifesto Comunista", url: http://www.marxists.org/archive/labriola/works/al00.htm#

[2] Georgi Plekhanov, "As Fases Iniciais da Teoria da Luta de Classes: Uma Introdução à Segunda Edição Russa do Manifesto do Partido Comunista", url: https://www.marxists.org/archive/plekhanov/1898/initial-phases.htm

[NOTA DE TRADUÇÃO: O termo "atrasados" não é derrogatório mas espelha somente a diferença entre o trabalhador diligente e o menos diligente, neste caso, chamado "atrasado" ou demorado].

Parte Dois

As massas tendem a acreditar que o líder não tem compromissos e interesses pessoais, mas que ele se dedicou e abandonou sua vida privada pelo bem comum. Certamente, é assim que deve ser. Se o líder prejudica um membro do público devido ao interesse pessoal, ele é um traidor e um mentiroso. Assim que o público aprenda disso, eles imediatamente o atropelarão no chão.

Há dois tipos de interesses pessoais: 1) Interesses materiais; 2) Interesses mentais. Não há líder no mundo que não falhe ao público senão com interesses mentais. Por exemplo, se um é misericordioso e assim se refreia de desenraizar malfeitores ou alterar sobre eles, então ele arruína o público a favor do interesse pessoal. Ele pode também ter medo de vingança, até vingança do Criador e assim se impedir de fazer correções necessárias.

Logo, se ele desejar anular os desejos materiais, ele não desejará anular os interesses idealistas ou religiosos a favor do público, embora eles possam ser suas próprias sensações pessoais. O público geral pode não ter haveres com eles, pois reparam somente na palavra "interesse", uma vez que a coisa mais idealista não impede o Caminho do "interesse"

AÇÃO ANTES DO PENSAMENTO

Como no desejo e amor, o esforço por um objeto cria amor e valorização para o objeto. Muito de maneira semelhante, boas ações geram amor ao Criador, amor gera adesão e adesão gera inteligência e conhecimento.

TRÊS POSTULADOS [AXIOMAS]

Aparentemente livre, aparentemente imortal, aparentemente existente [a terceira palavra é pouco clara no manuscrito e é deste modo uma especulação]. Eles são relativos à razão prática (ética), o bem mais sublime.

VERDADE E FALSIDADE

É sabido que o pensamento, matéria e desejo há duas modificações [diferenças de forma] da mesma coisa. Assim, a réplica psicológica da ausência e existência física é a verdade e falsidade. Deste modo, verdade, tal como a existência, é a tese, e falsidade, como a ausência, é a antítese. A desejada síntese é a descendência de ambas.

[Nova página]

[Aqui e abaixo, as palavras, "nova página", marcam o princípio de uma nova página ou uma nova seção no manuscrito]

OPINIÃO PESSOAL E OPINIÃO PÚBLICA

A opinião do indivíduo é como um espelho onde todas as imagens das ações boas e prejudiciais são reunidas. Um olha para essas experiências, seleciona as boas e benéficas e rejeita as ações que o prejudicaram. Isto é chamado a "memória do cérebro".

Por exemplo, o mercador segue na sua mente todos os tipos de mercadorias onde ele sofreu perdas e porquê. É semelhante com a mercadoria que lhe deu lucro e às razões. Elas estão ordenadas como um espelho de experiências na sua mente. Subsequentemente, ele seleciona o bom e rejeita o mau. Finalmente, ele se torna um bom e bem-sucedido mercador. Um que lida muito da mesma maneira em cada experiência na vida.

De modo muito semelhante, o público tem uma mente coletiva, uma Memória do Cérebro, e imaginação coletiva, onde todas as ações relacionadas ao público geral são impressas em respeito a cada pessoa, as benéficas e as prejudiciais. E eles também escolhem as ações e feitores benéficos e querem que eles persistam. Em acréscimo, todos os feitores de más ações que prejudicam o público são impressos na imaginação e recordação do cérebro e eles os desprezam e procuram tácticas para serem livres deles.

Assim, eles louvam e glorificam os feitores de ações benéficas, para os motivar crescentemente para estas ações. É aqui que os ideais, o idealismo e de onde todo o bom atributo vêm, bem como da sabedoria da ética.

Inversamente, eles condenam veementemente os feitores de ações prejudiciais, de modo a se livrarem deles. Daqui provém todo o mau traço ignóbil e pecado e na espécie humana. Assim, a opinião individual opera tal como a opinião pública. Todavia, isto é verdadeiro somente em respeito ao benefício e danos.

A CORRUPÇÃO NA OPINIÃO PÚBLICA

A corrupção na opinião pública é que o público não está organizado de acordo com sua maioria, mas somente de acordo com os poderosos, ou seja, os assertivos. É como eles dizem, que vinte pessoas governam toda a França. Em maioria dos casos, eles são os ricos, que são senão dez por cento do público e eles são sempre os ignorantes entre o povo (até aos olhos do público).

Eles prejudicam o público e os exploram. Assim, a opinião pública não está em controlo do mundo ou que se pareça. Em vez disso, é a opinião dos prejudiciais que controla o público. Logo, até os idealistas que foram santificados no mundo são senão demónios e malfeitores em respeito à maioria do público. Não só a religião, mas a justiça, também, favorece somente os ricos, tanto quanto o mais a ética e ideais.

A ORIGEM DA DEMOCRACIA E SOCIALISMO

É daqui que a ideia de democracia deriva, para que a maioria do público tome o sistema judicial e política nas suas próprias mãos. O Socialismo também, evoca o proletariado para assumir seu destino nas suas próprias mãos. Abreviadamente, a maioria quer determinar a opinião pública, decidir entre o benéfico e prejudicial para eles e determinar as leis e ideais correspondentemente.

A CONTRADIÇÃO ENTRE DEMOCRACIA E SOCIALISMO

A contradição entre democracia e socialismo, como visto na Rússia, é que dez por cento controlam o público inteiro em absoluta ditadura. A razão é simples: Divisão justa requer idealismo: Isto não se encontra entre a maioria do público. Assim, no fim, não há cura para isto senão através da religião, do citado. Isto transformará o público inteiro em idealistas.

[Nova página]

CONTATO COM ELE

As pessoas imaginam que uma pessoa que tem contato com o Criador é uma pessoa ... a natureza, e que eles devem temer falar para ele, muito menos estarem na sua proximidade imediata. É da natureza humana temer qualquer coisa fora da natureza da criação. As pessoas também têm medo de qualquer coisa invulgar, tal como a trovoada e ruídos elevados.

Contudo, Ele assim não e. Isto assim é porque na realidade, não há nada mais natural que entrar em contato com o nosso fazedor, pois Ele fez a natureza. Na realidade, toda a criatura tem contato com seu fazedor, como está escrito, "A terra inteira está cheia de Sua glória", exceto que nós não o sabemos ou o sentimos.

Na realidade, aquele a quem é concedido contato com Ele alcança somente a consciência. É como se um tivesse um tesouro no seu bolso e ele não soubesse isso. Entretanto chega outro e o deixa saber do que está no seu bolso. Agora ele tornou-se realmente rico.

Todavia, nada de novo há aqui, nenhuma causa para excitação. De facto, nada foi acrescentado à própria realidade. O mesmo é verdadeiro com aquele a quem foi concedida a dádiva de saber que ele é o filho do Criador: nada mudou na sua própria realidade, senão a consciência que ele não tinha anteriormente.

Consequentemente, a pessoa que alcança até se torna mais natural, simples e muito humilde. Pode até ser dito que antes da concessão, essa pessoa e todas as pessoas estavam fora da natureza simples. Isto assim é porque agora ele é igual, simples e compreende todas as pessoas e está muito envolvido com elas. Não há nenhum mais próximo do povo que ele e é somente a ele que elas devem amar, pois elas não têm irmão mais próximo que ele.

[Nova página]

Reconstruindo o Mundo

Ver "Opinião Pessoal e Opinião Pública", e "A Contradição entre Democracia e Socialismo".

Foi aqui clarificado que até agora a opinião pública evoluía e era construída de acordo com os poderosos na sociedade, ou seja, os assertivos. Foi apenas recentemente que as massas evoluíram através da religião, através das escolas e revoluções e percepcionaram o método da democracia e socialismo.

Contudo, de acordo com a lei natural de que "dum potro selvagem nasce o homem", e o homem é um resultado de um animal selvagem e um macaco, de acordo com o método de Darwin ou o de nossos sábios. Depois do pecado, a espécie humana declinou para os macacos, pois "Todos perante Eva são como um macaco perante o homem". Porém, de acordo com o mérito do homem, que consiste de uma preparação intelectual, ele continuou a se desenvolver através de ações e sofrimento e assumiu a religião, política e justiça e finalmente se tornou civilizado. Certamente, este inteiro desenvolvimento foi colocado somente aos ombros da melhor parte da sociedade e as massas os seguiram como um rebanho.

Quando as massas abriram seus olhos para assumirem seu destino nas suas mãos, tiveram de revogar todas as correções e leis dos assertivos, sendo a religião, justiça e política. Isto assim é porque elas eram de acordo com o espírito dos assertivos, ou seja, de acordo com seu desenvolvimento e para o seu próprio bem.

Logo, tiveram de construir o mundo de novo. Por outras palavras, eles são como pessoas pré-históricas, como o chimpanzé Darwiniano, porque não são aqueles que experimentaram estas experiências, que lhes trouxeram sua medida de desenvolvimento. Até hoje, a sucessão de desenvolvimento foi somente aos ombros dos assertivos, não das massas, que, até agora, eram solo virgem.

Logo, o mundo está agora num estado de ruína total. Ele é muito primitivo no sentido político, como na era dos homens das cavernas. Eles não passaram experiências e ações que trouxeram os assertivos a assumirem sobre si mesmos a religião, condutas e justiça.

Assim, se deixarmos o mundo se desenvolver naturalmente, o mundo de hoje tem de atravessar toda a ruína e tormentos que o homem primitivo experimentou, até que sejam obrigados a assumir a justiça política permanente e benéfica.

O primeiro fruto da ruína chegou até nós na forma do Nazismo, que é no final meramente um resultado direto da democracia e socialismo, ou seja da liderança da maioria, assim que as restrições da religião, condutas e justiça foram removidas.

O NAZISMO NÃO É UM RESULTADO DA ALEMANHA

Sucede-se que o mundo erroneamente considera o Nazismo um resultado particular da Alemanha. Na verdade, ele é um resultado de uma democracia e socialismo que foram deixados sem religião, condutas e justiça. Logo, todas as nações sendo iguais nisso; não há esperança de todo que o Nazismo pereça com a vitória dos aliados, pois amanhã os Anglo-Saxões adoptarão o Nazismo, dado que eles, também, vivem num mundo de democracia e Nazismo.

Recordai-vos, que os democratas, também, devem renunciar à religião, condutas e justiça tal como os Marxistas, porque todos estes são servos leais somente dos assertivos no público. Eles colocam sempre obstáculos perante os democratas, ou a melhor parte [maioria] do público.

É verdade que os pensadores entre os democratas mantêm um olho vigilante para que a religião e condutas não sejam destruídos de uma vez, pois sabem que o mundo será arruinado. Contudo, a essa extensão também interferem com o governo da maioria. Assim que a maioria se torne esperta e os compreenda, certamente elegerão outros líderes, tais como Hitler, dado que ele é um representante genuíno da maioria do público, seja ele Alemão, Anglo-Saxão ou Polaco.

Um Conselho

Ao contrário dos democratas, que desejam cancelar a religião e condutas gradualmente e adoptarem uma nova política de uma maneira que não destrua o mundo, as massas não esperarão por eles de todo. Em vez disso, como nossos sábios dizem, "Não arruinais uma sinagoga antes que possais construir uma nova no seu lugar". Por outras palavras, estamos proibidos de deixar os poderosos [maioria] assumir posse da liderança antes que possamos construir uma religião, conduta e política adequadas para eles, porque, entretanto, o mundo será arruinado e não haverá ninguém com quem falar.

Nihilismo
[uma visão filosófica que nega todos os valores tradicionais e instituições]

Não o niilismo completo, mas niilismo com valores (tal como Nietzsche em respeito aos valores do Cristianismo), ou seja todos os valores nas condutas religiosas, ética e política que até então foram aceites na percepção do humanismo.

Todos estes são compromissos nas medidas do egoísmo do indivíduo, do estado, ou do servo de Deus. E digo que qualquer medida de egoísmo é defeituosa e prejudicial e não há outra ordem exceto o altruísmo, no indivíduo, no público e no Senhor.

Monismo Materialista

A substância origina todas as coisas e o pensamento é um resultado das ações e sensações, muito como um espelho. Não há livre vontade, somente liberdade de ações. Contudo, não em si mesma, pois más ações induzem más ações e liberdade de ações é percepcionada ao olhar (ao espelho de ações evocadas) através da mente de outra pessoa. Então um tem a liberdade para lhe obedecer. E não será capaz de escolher de sua própria (espelho) mente, dado que o caminho de cada homem parece certo aos seus próprios olhos e sua mente sempre consente.

Fora Deste Mundo

Fora deste mundo devemos investigar e examinar somente subjetiva e pragmaticamente (na prática). Este é o modo da conduta de pesquisa neste mundo, embora se encontre fora dele, pois ele contempla pelas medições vestidas na natureza deste mundo e também de acordo com o benefício prático (pragmático).

O Que Está Fora Deste Mundo?

Somente o Criador é imperativo, dado que Ele é o lugar do mundo e o mundo é o Seu lugar. Somente Ele compreende, e Ele está também fora deste mundo, e nada mais, ao contrário do panteísmo.

Este mundo é um termo objetivo, que pode ser compreendido objetivamente também. Seus primeiros princípios são "tempo" e espaço". Fora deste mundo que são os mundos de AK e ABYA [os mundos Adam Kadmon, Atzilut, Briá, Yetzirá, e Assiá], somente compreensão subjetiva é possível, sem tocar no objeto ou que se pareça.

A essência dos objetos que definimos pelos nomes de ABYA seguem a suposição de que uma vez que cada um percepciona sem exceção (ou seja uns poucos escolhidos em cada geração, que são as dezenas de milhares e os milhões que houveram e que estão destinados a ser). Assim, temos objetiva realização aqui, embora não toquemos nos objetos ou que se pareça.

A partir daqui vêm os quatro mundos acima deste mundo, embora por natureza sejam somente subjetivos, se vestindo nas naturezas deste mundo de duas maneiras—expansão e pensamento, nomeadamente o paralelismo psicofísico. Isto assim é porque conhecemos dois objetos por duas formas: primeiro a física e a psíquica depois, e elas andam sempre juntas, de uma maneira paralela.

É sabido que muitos neste mundo, também, percepcionam o método do "expressionismo", ou seja, somente pela percepção subjetiva. Contudo, também me conformo ao "impressionismo" para explicar conceitos deste mundo tão objetivamente quanto o possível, minimizando a interferência de reforços subjetivos.

[Nova página]

A Essência Da Religião

A essência da religião é compreendida pragmaticamente, como escrito por James [William James (1842-1910), Filósofo americano]. A origem da fé está na necessidade pela verdade nela, tanto quanto satisfaça esta necessidade.

Há duas espécies de necessidades: 1) uma necessidade mental. Sem ela, a vida se tornaria doentiamente detestável. 2) uma necessidade física. Esta necessidade aparece principalmente na ordem social, tal como na ética e política, como Kant [Filósofo alemão (1724-1804)] havia escrito, "Fé é a base da moralidade e guarda-a."

Naturalmente, sábios vêm somente de entre aqueles com uma necessidade mental, pois eles também necessitam dela objetivamente. Contudo, a segunda parte derivará satisfação, nomeadamente verdade, também subjetivamente. Porém, de Lo Lishmá [não em seu nome] um chega a Lishmá [em seu nome]. A necessidade vem antes da razão que necessita da fé.

Os Líderes Do Público

Para si mesmo, um pode escolher entre o expressionismo e impressionismo. Contudo, os líderes não são permitidos conduzir o público de qualquer outra maneira senão uma positiva e pragmática, ou seja, de acordo com o expressionismo. Isto assim é porque eles não podem prejudicar o público para o seu interesse pessoal.

Por exemplo, eles não podem instruir uma certa fé no público em prol de compreender seu próprio impressionismo, assim negando conduta moral e ética do público. Se um não se consegue controlar a si mesmo, é melhor que se demita e não prejudique o público com seus ideais.

Percepção Do Mundo

O mundo foi criado através de evolução consequente, de acordo com o materialismo histórico e dialética de Hegel [Georg Wilhelm Friedrich Hegel (1770-1831), filósofo alemão] de tese e antítese. Certamente, isso corresponde à sensação do Criador, desde o imóvel, vegetativo, animal e falante, até à profecia ou ao conhecimento de Deus. Prazer é a tese, aflição é a antítese e a sensação fora da pele de um é a síntese.

A Essência Da Corrupção E Correção Na Opinião Pública

Como a opinião privada determina os ganhos e perdas próprios de um e o traz aos negócios mais bem-sucedidos, também a opinião pública determina a política e escolhe os mais bem-sucedidos. Contudo, há quantidade e há qualidade.

Quantidade Vs. Qualidade

Até agora, os qualitativos [poderosos] (que são os assertivos), determinaram e fizeram as visões do público inteiro e deste modo de toda a justiça e moralidade. A religião foi usada para prejudicar a maioria, que são 80% da sociedade.

A Maioria É Tão Primitiva Como O Homem Pré-Histórico

A maioria é tão primitiva como o homem pré-histórico. Isto assim é porque eles não tentaram utilizar a justiça, religião e moralidade, que foram usadas por outros até hoje. Contudo, é claro, todos estes chegaram ao presente estado somente através de grandes dores no caminho da causalidade e dialética. A maioria não prestou atenção a isso e a qualquer ritmo não o consegue perceber.

A Mais Célere Ação É A Religião

Em prol de ativar a opinião pública novamente na maioria de uma maneira eficiente, não há modo mais célere que a religião, o desprezo de qualquer medida da vontade de receber e elevar a beleza da vontade de doar a uma maior extensão. Isto será feito especificamente com ações. Embora o psicofísico seja paralelo, ainda assim, o físico precede ao psíquico.

[Nova página]

OS PRODÍGIOS

Os prodígios são um produto da geração, com uma forte inclinação de doar e não precisar de uma única coisa para si mesmo. Como tal, ele tem equivalência de forma com o Criador e naturalmente se apega a Ele. Ele prolonga sabedoria e prazer d'Ele e doa sobre a humanidade.

Eles estão divididos em dois: Ora trabalham conscientemente, ou seja, doando contentamento sobre seu fazedor, e assim doando sobre a humanidade, ou trabalham inconscientemente, ou seja, que não sentem e sabem que estão em adesão com o Criador. Eles se apegam a Ele inconscientemente. Eles só doam sobre a humanidade e de acordo com este princípio, não há progresso para a humanidade, senão para instar a vontade de doar neles e multiplicar os prodígios no mundo.

Teologia

[A ciência do propósito]

Teologia é necessária na Cabala, de acordo com o método do antropocentrismo, que os mundos foram criados por Israel e eles são o propósito. Além do mais, o Criador consultou as almas dos justos. Seu propósito também é trazido na profecia: "E a terra inteira estará cheia do conhecimento do Senhor". Não há propósito mais específico que esse.

Maimônides segue o método da disteleologia e diz que o Criador tem para a criação outros propósitos além da espécie humana. É difícil para ele compreender que o Criador criou tamanha grande criação, com sistemas planetários, onde nosso planeta é como um grão de areia e tudo isto foi somente pelo propósito da completude do homem.

Propósito é imperativo para qualquer ser consciente e aquele que trabalha sem propósito é inconsciente. Pelas Suas ações O conhecemos. Ele criou o mundo no imóvel, vegetativo, animal e falante. O falante é com o clímax da criação, dado que ele sente os outros e doa sobre eles. Sobre eles está o profeta, que sente o Criador e O conhece. Isto é, percebido como O agradar, e Seu propósito na inteira criação.

A questão de Hegel é que necessariamente, há criaturas sem propósito na natureza, como muitas coisas no nosso planeta e os planetas incontáveis que a humanidade não usa de todo. A resposta é que de acordo com a lei de "O desconhecido não contradiz o conhecido", e que "O juiz tem somente aquilo que seus olhos veem". Talvez haja imóvel, vegetativo, animal e falante em cada planeta e em todos os planetas e seu propósito seja o falante.

Isso é em semelhança com o desconhecido. E como pode isso contradizer o conhecido e familiar no caminho da profecia? Isto é simples: É prazenteiro para o Criador criar um objeto que seja qualificado para negociação com Ele e trocar opiniões, etc. Também há prazer em ter alguma coisa que não seja da mesma espécie e confiamos completamente na profecia.

Causalidade E Escolha

Há um caminho de dor, pelo qual se paga inconscientemente pelas leis dialéticas, onde cada ser oculta a ausência no interior. O ser existe enquanto a ausência nele não apareceu. Quando a antítese se manifesta e desenvolve, ela destrói a tese e traz para o seu lugar um ser mais completo que o primeiro, pois ela contém a correção da anterior antítese. (Isto assim é porque qualquer ausência precede à presença.) Assim, o segundo ser é chamado "síntese", ou seja, que ele inclui e é um resultado de ambas, a presença e a ausência, que precederam este novo ser.

Em semelhança, a verdade sempre segue e é aperfeiçoada pelo caminho do sofrimento, que é presença e ausência, tese e antítese e produz sempre síntese mais verdadeira até à aparição da síntese perfeita. Mas o que é a perfeição?

No materialismo histórico, o supracitado caminho do sofrimento é clarificado somente em relação aos desejos econômicos, onde cada tese significa somente governo para o seu tempo, cada antítese significa divisão injusta na economia e cada síntese é governo que estabelece a antítese que foi revelada, e nada mais. Por esta razão, ausência está oculta nela. Quando a ausência se desenvolve, ela destrói a síntese, também, e assim por diante, até que a divisão justa se manifeste.

Caminho Da Torá

O caminho da Torá é colocar o destino nas mãos dos oprimidos. Isto acelera o fim à extensão que os oprimidos zelarem por ele. Isto é chamado "escolha", uma vez que agora a escolha está nas mãos das partes envolvidas. Assim, o caminho da dor e um ato objetivo, o caminho da Torá é um ato subjetivo e o destino está nas mãos das partes envolvidas.

[Nova página]

O princípio: doação sobre os outros. O governo—um regime que ordena um mínimo para a vida e boas ações em direção ao padrão de vida da sociedade. O propósito e a meta: adesão com Ele. Na minha opinião, esta é a síntese final onde a ausência não mais está oculta.

Boas Acções E Mitzvot

Locke [John Locke (1632-1704), filósofo inglês] disse que não há nada na mente que não venha aos sentidos primeiro. Em acréscimo, Espinoza [Baruch Espinoza (1632-1677), Filósofo judeu holandês] disse, "Eu não quero alguma coisa porque é boa, mas ela é boa porque eu a quero". Devemos acreditar a isto que não há nada nos sentidos que não esteja presente nas ações primeiro.

Logo, a ação gera os sentidos e os sentidos geram a compreensão. Por exemplo, e impossível que os sentidos tomem prazer na doação antes que possam na realidade doar. Além do mais, é impossível compreender e percepcionar a grande importância da doação antes que ela seja provada nos sentidos.

Em semelhança, é impossível tomar prazer na adesão antes que um realize muitas boas ações que a possam afetar, ou seja pela rígida observação desta condição de Lhe trazer contentamento, ou por outras palavras, se deleitar no contentamento dado ao Criador ao realizar o mandamento. Depois de um sentir o prazer maior nas ações, é possível O compreender, à extensão desse prazer. E se ... para o prazer eterno e perpétuo de Lhe trazer contentamento, então ele será recompensado com conhecer...

Como visto acima, há dois modos de religião: 1) Lo Lishmá [não em seu nome], que é o puro utilitarismo, ou seja, visando estabelecer a moralidade pelo bem próprio de um. Ele fica satisfeito quando adquirindo esta tendência. E há uma segunda tendência para a religião, sendo uma necessidade mental de se apegar a Ele. Isto é chamado Lishmá [em seu nome]. Um pode ser recompensado com o mencionado através de ações e de Lo Lishmá um chega a Lishmá.

Tendência Da Vida

Há três visões nos livros e na pesquisa: ora ideias sobre como alcançar adesão com Ele; ou para adquirir progresso, chamado utilitarismo, ou prazer corpóreo da carne, chamado Hedonismo.

Desejava que a visão do Hedonismo fosse verdadeira. O problema é que as dores são maiores que os poucos prazeres dos sentidos nos quais um se pode deleitar. Além do defeito do dia da morte e o método do utilitarismo de trazer progresso ao mundo, há uma grande questão aqui: Quem desfruta deste completo progresso pelo qual pago tão pesadamente com dores e tormentos?

Parece que somente ideais cuja tendência seja a felicidade do homem, deste modo melhorando todas as forças mentais, concedem a um respeito na vida e um bom nome após a morte. Kant zombou este método ao estabelecer uma tese moral sobre uma tendência egoísta e instruiu fazer não em prol de receber recompensa.

A ciência moderna escolheu para si mesma o utilitarismo, mas somente pelo bem comum, ou seja, para doar. Isto é semelhante à "em prol de não receber recompensa", e quem a quereria? Também há a questão: O que trará este progresso às gerações, pelas quais trabalho com tanta dor para dar isto?

No mínimo, tenho o direito de saber o que é requisitado para o progresso e quem vai desfrutar dele. Quem seria tão ingênuo ao ponto de pagar tão pesadamente sem saber seu efeito? O problema inteiro é que o prazer é breve e o sofrimento, longo.

Propósito Da Vida

De tudo o supracitado, descobrireis que a direção da vida é alcançar adesão com Ele, estritamente beneficiar o Criador, ou merecer o público para alcançar adesão com Ele.

Duas Escravidões No Mundo

Há duas escravidões no mundo, ora escravidão ao Criador, ou escravidão às Suas criaturas. Uma delas é obrigatória. Até um rei e um presidente necessariamente servem o povo. Certamente, o sabor da liberdade completa é somente para aquele que é escravizado somente ao Criador e não a qualquer ser neste mundo. Escravidão e necessária, pois recepção é obscena; ela é animalesca. E doação, a questão é "A quem"?

Parte Três

Comunismo Pragmático

Aceitar a religião de "Ama teu próximo como a ti mesmo", literalmente.

Divisão justa dos lucros, onde cada um trabalhará de acordo com sua habilidade e receberá de acordo com suas necessidades.

Propriedade é mantida, mas seu dono está proibido de receber dos lucros mais do que ele necessita na realidade. Um tipo de proprietários será mantido sob supervisores públicos, outro tipo por autoconfiança, ou livros.

O desempregado receberá suas necessidades igualmente ao empregado.

Aqueles que vivem em comunas ganharão os mesmos vencimentos que trabalhadores que são proprietários e os lucros feitos pela vida em comunidade serão transformados em propriedade pública pertencendo aos membros desse coletivo.

Também deve haver um esforço em construir vida em comunidade para os trabalhadores nas cidades.

Vantagens

Os trabalhadores e ainda mais aqueles que temem ficar desempregados, certamente assumirão a religião, assim adquirindo segurança nas suas vidas. Os proprietários idealistas também assumirão religião pela doutrina sobre uma base religiosa.

Opinião pública deve ser feita tal que aquele que recebe mais do que precisa é como um assassino. Por causa dele, o mundo terá de continuar a matança, condutas Hitlerianas e terríveis guerras. Logo, o comunismo será promovido.

É possível tornar a vida dos proprietários miserável através de contratos e greves, para que assumam a religião dado que não tocam nas suas propriedades, somente nos lucros. Uma vez que a religião será internacional, será possível ganhar os corações dos Sheiks Árabes com dinheiro e influência religiosa, para que assumam a religião juntamente conosco como uma unidade e a promovam entre os trabalhadores árabes e proprietários.

Isso, por sua vez, beneficiará o Sionismo. Porque assumirão a religião que necessita amor e doação sobre toda a humanidade igualmente, não ficarão invejosos do roubo da terra, dado que compreenderão que a terra é do Senhor. O padrão de vida dos Árabes será igual ao padrão de vida dos Judeus. Este será um grande incentivo para ganhar seus corações.

Opinião Privada e Opinião Pública

Tal como há a opinião privada, que é a força de juízo de um onde todas as ações boas e más são copiadas, e quando um escolhe o bom e rejeita o mau como se olhando para um espelho, também há o intelecto coletivo do público, onde as boas ações para a sociedade e as más são copiadas. A opinião pública seleciona aquelas que são boas para ela, louva aqueles que as fazem e condena aqueles que fazem o inverso. Daqui emergem ideais, líderes, regras e preferências.

A Corrupção da Opinião Pública: os Poderosos

Até hoje, somente os assertivos tiveram o juízo e a força para conduzir, sendo a melhor parte, como foi dito, que vinte por cento do povo conduz a França inteira e perfazem a opinião pública. Eles ordenaram a justiça, moralidade e religião para seu benefício. Dado que exploram a maioria do público, a religião, lei e ética são assim prejudiciais para o público, ou seja, para a maioria.

Tenha em mente que o presente governo dos assertivos foi bastante suficiente até hoje porque as massas não tiveram qualquer força de juízo. Logo, todas as ruínas que precederam à ordem política de hoje foram somente entre os assertivos. Contudo, eles não chegaram a presente ordem dentro do tempo de uma geração, mas através de terríveis ruínas, até que tivessem concebido a religião, ética e lei que trouxeram a ordem do mundo.

A Nova Estrutura

Em gerações recentes, devido à pressão e necessidade e através da democracia e socialismo, as massas começaram a abrir seus olhos e assumirem responsabilidade pela gestão da sociedade pela maioria. Assim, concluíram que a religião, condutas, governo e justiça são todas para seu prejuízo, pois é verdade que elas servem os dez por cento assertivos do público e prejudica todos os outros.

Assim, duas imagens do governo coletivo emergiram: ora como os Nazis, que rebelaram contra a religião, condutas e justiça e fazem como o homem primitivo, antes das condutas da vida dos assertivos, ou como os Soviéticos, onde dez por cento do público controla o público inteiro pela ditadura. Isto certamente não durará muito, à luz da dialética histórica.

Se condutas forem revogadas, os inimigos de Israel exterminarão todos. Abreviadamente, necessária e indubitavelmente voltaremos a ser habitantes de cavernas, até que (as massas, também) a maioria aprenda a dialética sobre sua própria carne e ossos (como fizeram os poderosos antes deles), e finalmente concorde com a ordem.

Logo, o Nazismo Não É uma Patente Alemã

Se tivermos em mente que as massas não são idealistas, então não há conselho senão a religião, da qual condutas e justiça naturalmente emanam. Contudo, agora servirão somente a maioria. Como assim? Através da religião da doação.

O princípio da doação sobre o seu semelhante. A liderança: compromisso até a um certo mínimo e ordenada por um padrão de vida.

A meta: adesão com o Criador.

Nazismo É o Fruto do Socialismo

Idealistas são poucos e os verdadeiros portadores, os trabalhadores e agricultores, são egoístas. Se um orador tal como Hitler se levantasse em qualquer nação, dizendo que o Nacional Socialismo é mais conveniente e benéfico para eles que o internacionalismo, porque não o escutariam eles?

[Nova página]

1) Se o Nazismo e sua ruína não tivessem sido concebidos há alguns anos atrás e se alguns homens sábios concebessem um plano para os salvar através de religião devota que fosse suficiente para a proteção, teria sido isso proibido em nome da falsidade?

2) Se, depois da guerra, as nações chegarem a um entendimento de que Israel deve ser dispersa para os quatro cantos e nos conduzirem para fora de nossa terra e uma certa pessoa viesse e reinstala-se a religião (de modo a se apoiar devotamente) entre nós e as nações, assim os fazendo concordar com o oposto, que até a Diáspora viria para Israel, teria sido isso proibido?

3) Se os Nazis, Deus nos livre, prevalecerem e governarem o mundo e desejarem destruir o resíduo de Jacó, é permissível instituir a religião entre todas as nações em prol de salvar a nação?

Pragmatismo

Fé deriva de uma necessidade; é verdadeira enquanto ela satisfizer essa necessidade (James [William James]). Logo, a necessidade é a razão da fé e a satisfação é sua veracidade.

Duas necessidades: 1) Uma necessidade material de estabelecer a vida social; que é sua veracidade. 2) Uma necessidade mental, sem a qual a vida é desprezível; esta é Lishmá (em seu nome).

É claro, os sábios da religião vêm da necessidade mental, mas de Lo Lishmá [não em seu nome] um chega a Lishmá (ver "Verdade Pragmática").

A Direção da Vida:

1) Trazer progresso e felicidade à sociedade através da ciência moderna.

2) Aperfeiçoando todos os poderes mentais de um, ele alcançará dignidade na vida e um bom nome após a morte. Kant zomba-o sendo egoísmo e indicou que somente não em prol de receber uma recompensa.

Devemos entende-lo: Se não é vantajoso viver para mim mesmo, é vantajoso viver por mil outros como eu, ou um bilião? Logo, a direção deve ser o benefício do Criador, seja para si mesmo, ou pelo mundo inteiro, para os recompensar com adesão com Ele.

Verdade e Falsidade

Verdade e falsidade são uma réplica psíquica da existência e ausência, que são tese e antítese, das quais derivam a "verdade efêmera", que é uma síntese. Isto é uma verdade pragmática, durando até que a "verdade absoluta" apareça, onde não haverá qualquer falsidade na consciência de um.

Exemplo nº 4 (ver acima): A antiga e primitiva humanidade, que se mataram e chacinaram uns aos outros como animais selvagens, permitiria a instituição de um governo religioso?

Exemplo nº 5 (ver acima): Na minha infância não queria ler romances de modo a não lidar com mentiras. Só leio história. Quando cresci e compreendi o valor deles, que eles desenvolvem a imaginação, eles se tornaram a verdade para mim.

[Nova página]

Necessidade

Da perspectiva de Lishmá [em seu nome], é uma necessidade emocional. Admitidamente, eles são poucos, como está escrito, "viu que os justos são poucos... e plantou-os em cada geração", que eles possam ter exigência à nascença. Contudo, alguns abominam a vida material. Se não quiserem concretizar a meta da adesão, eles cometerão suicídio.

O Princípio Religioso: de Lo Lishmá [não em seu nome], um chega a Lishmá [em seu nome]

A Providência preparou a orientação do povo de uma maneira egoísta, que necessariamente induziria a destruição do mundo, a menos que aceitem a religião da doação. Assim, há uma necessidade pragmática por ela, e a partir daí, chega-se a Lishmá.

O Que É uma Necessidade Emocional?

Como uma pessoa cega não consegue percepcionar a cor, ou um eunuco a alegria do sexo, é impossível retratar esta necessidade para aquele que carece da necessidade emocional. E, todavia, ela é obrigatória.

Realizar Mitzvot [mandamentos]

Realizar Mitzvot pode-se tornar para um uma necessidade emocional.

A Moralidade das Condutas

A moralidade das condutas significa bons atributos não em prol de ser recompensado e sem necessidade externa, mas baseada somente em altruísmo e um sentido de responsabilidade pela sociedade humana. Isso é alcançado pela educação. Contudo, a educação requer a aprovação do público para manter e a sustentar depois de um abandonar a autoridade da educação. Mas a opinião pública não deriva da educação, mas somente do benefício do público.

O benefício do público é avaliado somente de acordo com o estado específico desse público, que necessariamente está em contraste com outros estados e países. Assim, como ajudará a educação nisso? A prova é que a conduta e até a religião, suficientes para a internacionalidade, não foram criados, pois matança e pilhagem governam em todo o lado, sem quaisquer condutas que se pareça. Além do mais, quanto maior assassino um é, mais patriota e bem maneirado ele é considerado. E hoje, é da conduta internacional de que necessitamos.

O Egoísmo do Público Pode Ser Corrigido

Somente pela Religião

O egoísmo do público pode ser corrigido somente pela religião porque a educação que é baseada em nada pode facilmente ser arruinada por qualquer pessoa ímpia e a Alemanha e a prova. Se Hitler tivesse ocorrido numa Alemanha religiosa, ele não teria feito uma única coisa.

Egoísmo Natural

Não podeis quebrar o egoísmo natural com meios artificiais tais como a opinião pública e educação. Não há cura para isso senão uma religião natural.

Duplo Benefício

A religião da doação é saudável tanto para o corpo como para a mente; assim, ela é necessitada e agradável mais que qualquer método no mundo (ver abaixo em profundidade).

Poder Motivador

Há dois discernimentos nele: A força de atração, pela frente, ou a força de repulsa, por trás.

Como pode a educação ajudar quando um está livre, sem qualquer motivação para os deveres para os quais foi educado? Afinal, não há força de atração neles e eles são também desprovidos da força compulsiva.

[Nova página]

O Permanecer da Alma

Isto é dado, pois é uma parte de Deus no alto. Contudo, não está incluído na sabedoria da Cabala pois nenhum objeto é alcançável. Certamente, a alma aparece a uma pessoa que a transporta somente através de ações e suas ações são somente realizações d'Ele.

Está deste modo claro que a máxima, "Conhece-te a ti mesmo e conheceis tudo", e de ... filosófica porque na Cabala o oposto deveria ser dito, "Conhecei tudo e ... alcança-te a ti mesmo". Um objeto não é alcançado de todo, somente ações, que são realizações de Seus nomes, ou seja, somente subjetivas.

Cinco Sentidos

O poder nos mandamentos é semelhante à corporeidade, onde ações estimulam os sentidos. E quando os sentidos permanecem ... na memória do cérebro, eles se tornam lá imagens do benéfico, prejudicial e propriedade. E quando a mente ou a vontade ou a guarda ... vislumbra a imagem da memória, um gradualmente examina as imagens e aproxima a verdade, ou seja, o benéfico e a propriedade e rejeita as falsidades, que são prejudiciais.

O conhecimento do homem cresce correspondendo à clareza do exame. E se na matemática, ele deve anexar a ela imagens que são benéficas para a clareza e validez. Elas também poupam tempo porque o ajudam, como na propriedade existente. O mesmo se aplica a tocar música, à cura e a um atributo.

É semelhante com as obras espirituais, que ... os mandamentos que estimulam os sentidos espirituais do homem. Há dois tipos de sentidos aqui: seja visão, audição, olfato e fala, que são ord ... e também HGT NH [Chessed-Gvurá-Tiféret Netzach-Hod] do corpo. Isso assim é porque a perpetuação de boas ações de ... naquele que trabalha o espírito do "amor", e quando ele se acumula numa quantidade mensurável ... nele o sentido de "temor" de pecar e perder o amor. E quando ele está cer ... de si mesmo que tem o sentido do amor e temor, um sentido de ostent ... sobre seus amigos que não foram recompensados com isso nasce nele (e isto é propriedade).

E seguindo os três sentidos ... a "eternidade" nasce nele como num poderoso que controla seu espírito. E de acordo com todas as sensações destes quatro sentidos, "glória" nasce nele, e ele admite a existência do Criador.

E com cada mandamento que acrescenta, os cinco supracitados sentidos inferiores e os sabores dos mandamentos se intensificam nele. Quando se acumulam na quantia necessária, os cinco sentidos superiores, visão-audição-olfato-fala, nascem nele, para ver na realidade. Sua glória e escutar a voz do Criador, cheirar o temor d'Ele e falar perante Ele.

E quando um é mais recompensado, imagens das impressões dos cinco sentidos inferiores e dos cinco sentidos superiores permanecem nele e ele vislumbra como se através do espelho do cérebro para estas impressões e seleciona o benéfico e o ... e rejeita o prejudicial. E de acordo com a clareza dos exames, o conhecimento do Criador aumentará.

Como na corporeidade, também no aprendizado. ...nos ensinamentos externos há a economia. ...E a medicina é considerada os exames que ajudam ao padrão de vida para ... como luxos. Este é o primeiro grau de propriedade. O segundo grau é acumular propriedade, que não seja tão utilizável como a riqueza. Esta é a ciência da ... e um atributo e tocar música.

Em semelhança, na espiritualidade, os exames que podem ser usados ... são por um padrão de vida, e não uma propriedade acumulável.

Há também exames mais elevados que não servem o padrão de vida, mas somente para acumular propriedades e para posses importantes tais como a riqueza e o atributo e a filosofia.

Contudo, ambos vêm de imagens espirituais que uma vez foram absorvidas nos sentidos. E escolher o benéfico para si mesmo ou para os outros é chamado "o conhecimento do Criador". Sabei que a sabedoria da Cabala também contém estes três tipos de propriedade.

Paralelismo Psicofísico

Há duas manifestações da mesma entidade, como o trovão e relâmpago. Este é o sentido de "boas ações e Torá". Contudo, uma pessoa primeiro sente a explicação psíquica e então a física. É semelhante ao amor, onde o doador do presente primeiro sente com a sua mente que o doador o ama e então centelhas de amor fluem e se espalham por ele. .... Uma cabeça reveladora é psíquica, e por dentro, ela veste...

[Nova página]

A Causa Raiz de Todo o Erro no Mundo

A causa raiz de todo o erro no mundo é uma ideia, quando assumindo uma ideia ou uma imagem que uma vez esteve vestida num corpo e apresentando-a como um objeto abstrato que nunca esteve num corpo. Isto é, é quando é louvável ou condenável de acordo com o valor abstrato.

O problema é que assim que o conceito foi despojado de um corpo, ele perde partes significativas do seu sentido inicial enquanto estava vestido num corpo. Aqueles que o discutem de acordo com seu sentido remanescente têm necessariamente de o mal interpretar.

Por exemplo, quando a verdade e falsidade trabalham no corpo, louvamos a verdade de acordo com seu benefício ao indivíduo ou o ... e condenamos a mentira de acordo com seu dano ao coletivo ou ao indivíduo. Contudo, assim que a verdade e falsidade tenham sido despojadas dos corpos e se tornam conceitos abstratos elas perdem o cerne de seu sentido ... e adquirem santidade ou impureza na sua forma abstrata.

E de acordo com ... é possível que o avaliador louve a verdade até quando ela faz grandes danos ao coletivo ou ao indivíduo e condenar ... a mentira até quando ela é extremamente benéfica ao indivíduo ou ao coletivo. Este é um grave erro que prejudica o ... e um não está livre para se questionar a si mesmo quem santificou a verdade, ou ... violou e proibiu esta mentira.

Benefício, de Facto, Cada Um O Admite

Aqueles que o disputam, é ... que eles beneficiam ... e uma conduta moral por vezes contradiz o benefício físico. Contudo, essencialmente, a moral e religião são também utilitárias. ... tudo, exceto a felicidade espiritual e qual é a diferença?

Não há um tolo que se esforce sem beneficiar o corpo ou a mente.

Benefício Duplo

Em correspondência, a lei de doar sobre os outros é necessária para todas as pessoas do mundo ... pois ela é benéfica para o corpo e para a alma de acordo com a sabedoria da Cabala.

[Nova página]

Um Vago Complexo que Deve Ser Resolvido

Um de Cada Vez

O problema principal é que há um ... complicado feito de várias dúvidas entrelaçadas:

Primeiro: Quando não tomando em consideração a validade, a questão permanece se é na realidade benéfico.

Segundo: Até se for benéfico, é viável?

Terceiro: Quem são as pessoas a serem qualificadas com o treino da geração para matéria tão sublime?

Quarto: Talvez esta operação evoque o desprezo e zombeteio do público?

Conhecimento

Conhecer vem de um de três caminhos: empírico, que é pela observação física (experiências reais), histórico, usando documentos e papeis, ou matemática, pela união de tamanhos e padrões (através do conhecimento) ...

E a sabedoria da Cabala está mais confirmada que todos os supracitados caminhos.

Há também um quarto caminho para conhecer, através de deduções físicas, seja por deduções ou por induções, ou seja, do geral para o particular, ou do particular para o geral. Isto é estritamente proibido na sabedoria da Cabala, dado que tudo o que desconhecemos não alcançamos, não sabemos...

Parte Quatro

SEÇÃO UM

O escrutínio que agora, também, estamos a dar e não a estamos a receber ambos porque não levamos o excesso que produzimos para a sepultura, e 2) porque se o esforço de um dia concede meio dia de prazer, isso é doação. E uma vez que no geral há pouco prazer dos esforços que as pessoas fazem, estamos todos somente a doar e não a receber. Este é um cálculo matemático.

3) A clarificação de que nos esforçamos hoje devido à escravidão da sociedade com pelo menos 14 horas por dia de dor e tristeza, uma vez que todos os nossos costumes vêm da escravidão ao público.

... A clarificação de que se usarmos o "governo da terra", podemos apressar a "última geração" na nossa geração, também.

4) Esta questão de competição a partir da singularidade, na doação sobre os outros não é uma fantasia abstrata, como é usada na vida prática, tal como daqueles que abdicam de todas as suas posses para o público, ou os membros mais idealistas dos partidos, que negligenciam e perdem suas vidas pelo benefício do público.

[Nova página]

A que se parece? É como um homem rico que tinha um velho pai ao qual não desejava apoiar. Ele tentou e o veredito foi que ele o apoiaria pelo menos tão respeitosamente como ele respeita os seus parentescos, ou ele enfrenta uma dura punição.

Naturalmente, ele o levou para seu lar e o teve de apoiar generosamente, mas seu coração pesava. O velho homem lhe disse, "Uma vez que já me dais toda a delícia que tendes na tua mesa, o que perderias se também tivesses uma boa intenção, que é razoável aos olhos de toda a pessoa sensível, ao ser feliz com ter a oportunidade de honrar teu pai, que gastou toda sua energia por vós e vos tornou um homem respeitável? Porque sois tão obstinados e que vos afligis a ti mesmo? Podeis vos livrar sequer um pouco devido a isso"?

Assim se sucede. No fim do dia, doamos sobre a sociedade e somente a sociedade ganha de nossas vidas, dado que toda a pessoa, grande ou pequena, acrescenta e enriquece a tesouraria da sociedade. Mas o indivíduo, quando pesando a tristeza e dor que ele recebe, ele se encontra em grande défice. Logo, estais a dar aos vossos semelhantes, mas dolorosamente e com grande e amargo sofrimento. Então porque vos importais com a boa intenção?

SEÇÃO DOIS

[Esta secção inclui os quatro segmentos agrupados pelo contexto]

Cada um deles concretiza seu papel ao serviço do público na melhor das maneiras, contudo sem o ver, dado que a opinião pública pressiona cada pessoa até secretamente, ao ponto que um sente que enganar a sociedade por engano é tão grave como matar um ser humano por engano.

Cada país está dividido em sociedades onde certo número de pessoas com meios suficientes para prover a todas as suas necessidades se conecta numa única sociedade.

Cada sociedade tem um orçamento e horas laborais de acordo com as condições locais. Metade do orçamento é preenchido pelas horas mandatárias, onde cada membro se compromete a trabalhar um certo número de horas de acordo com sua força e a outra metade com horas voluntárias.

Uma pessoa que caiu no ganho pessoal, o estatuto social inteiro dessa pessoa desaparece no ar da sociedade como as nuvens com o vento, devido ao profundo antagonismo que tal pessoa recebe da nação inteira.

*

Pois então cada pessoa

1) Cada indivíduo faz de si mesmo voluntariamente disponível para o serviço ao público quando quer que ele seja necessitado.

2) Competição livre para cada indivíduo, mas na doação sobre os outros.

3) Divulgar qualquer forma do desejo de receber para si mesmos é desonroso e tão grande defeito que tal pessoa é considerada estar entre as mais baixas e mais inferiores pessoas na sociedade.

4) Cada pessoa é média.

*

1) Eles têm muitos livros metodológicos de sabedoria e moral que provam a glória e sublimidade da excelência em doar sobre os outros, ao ponto em que a nação inteira, do pequeno ao grande, se envolvem neles com todo o coração.

2) Cada pessoa que é nomeada para uma posição importante primeiro se deve formar num treino especial no supracitado ensinamento.

3) Seus tribunais estão ocupados principalmente em conceder louvores marcando o nível da distinção de cada pessoa na doação sobre as outras. Não há uma pessoa sem uma medalha sobre a lapela e é uma grande ofensa não chamar uma pessoa pelo seu título de honra. É também uma grande ofensa para uma pessoa perdoar tal insulto ao seu título.

4) Há tamanha feroz competição no campo de doação sobre os outros que maioria das pessoas arriscam suas vidas, dado que a opinião pública valoriza e respeita tremendamente os louvores do mais alto escalão na doação sobre os outros.

5) Se uma pessoa é reconhecida como tendo feito para si mesma mais do que foi decidido para ela pela sociedade, a sociedade condena-o tanto que se torna uma desgraça falar com ela e ela também gravemente mancha o seu nome de família. O único remédio para isto e pedir a ajuda do tribunal, que tem certos modos pelos quais ajudar pessoas tão miseráveis que perderam sua posição na sociedade. Mas na maioria, elas a realojam devido ao preconceito, dado que a opinião pública não pode ser alterada.

6) Não há tal palavra como "punição" nas leis do tribunal, pois de acordo com suas regras, os culpados são sempre aqueles que ganham mais. Logo, se um é culpado por não dar todas suas horas laborais, então seu tempo é ou reduzido ou facilitado, ou o modo como ele o providencia é facilitado para ele. Às vezes lhe é dado tempo para passar na escola, para o ensinar o grande mérito da "doação sobre os outros". Tudo depende da visão dos juízes.

*

1) O estado está dividido em sociedades. Um certo número de pessoas, que podem prover totalmente por si mesmas podem se separar a si mesmas e manter uma sociedade especial.

2) Essa sociedade tem uma quota de horas laborais de acordo com as condições nas quais eles vivem, ou seja de acordo com as condições locais e as preferências dos membros.

Esta quota é preenchida pelas horas mandatárias e horas voluntárias. Na maioria, horas voluntárias são aproximadamente metade das horas mandatárias.

As horas laborais vêm em quatro tipos e são divididas em trabalhos de acordo com a força: O primeiro tipo é o fraco; o segundo tipo é o médio; o terceiro tipo é o forte; e o quarto tipo é o veloz.

Para o trabalho de uma hora do tipo um, os do tipo dois trabalham duas horas, os do tipo três trabalham quatro horas e os do tipo quatro trabalham seis horas.

Cada pessoa é confiada achar o seu tipo apropriado de trabalho que se adequa à sua força.

SEÇÃO TRÊS

1) Introdução: O progresso da humanidade é um resultado direto da religião.

2) O processo da religião em círculos vem quando num ponto baixo chega a destruição do humanismo à extensão da ruína da religiosidade. Por esta razão, eles aceitam religião contra sua vontade, o movimento ascendente começa de novo e um novo círculo é formado.

3) O tamanho do círculo corresponde à genuinidade da religião que é considerada a "base" no tempo da ascensão.

Plano A

Tal como esperamos que os atores no teatro deem o seu melhor para fazer nossa imaginação pensar que sua atuação é real, esperamos que nossos intérpretes da religião sejam capazes de tocar em nossos corações tão profundamente que percepcionaremos a fé da religião como a própria realidade. Os grilhões da religião não são de todo pesados para aqueles que não acreditam, dado que a exigência nos mandamentos entre homem e homem é aceite de qualquer modo e entre homem e Deus, uns poucos mandamentos observados em público, tais como aqueles à disposição de um, são suficientes.

Plano B

Natureza em Gematria é Elokim [Deus]. Deste modo, tudo o que a natureza ordena ... a palavra do Criador. O benefício da sociedade é a recompensa e o dano à sociedade é a punição.

Em correspondência, não faz sentido transformar Deus na natureza, ou seja [uma palavra cortada no manuscrito] um Criador cego que não vê ou compreende a obra de Suas mãos. Estamos melhor, e faz sentido a toda a pessoa sana, que Ele vê e sabe tudo, pois Ele pune e recompensa, dado que cada um vê que a natureza pune e recompensa. E Hitler o provará.

Plano C

Toda a antecipada recompensa do Criador e o propósito da criação inteira, são Dvekút[adesão] com o Criador, como em "Uma torre cheia abundantemente, mas sem hóspedes". É isto o que aqueles que se apegam a Ele com amor recebem.

Naturalmente, primeiro, um emerge do aprisionamento, que é emergir da pele do seu corpo pela doação sobre os outros. Subsequentemente, um chega ao palácio do rei, que é Dvekút com Ele através da intenção de doar contentamento sobre o seu fazedor.

Deste modo, o grosso dos mandamentos são entre o homem e o homem. Aquele que dá preferência aos mandamentos entre o homem e Deus é como aquele que sobe ao segundo grau antes que tenha subido ao primeiro. Claramente, ele quebrará suas pernas.

Fé nas Massas

Está escrito, "A voz do povo é a voz do Todo-Poderoso". Certamente, isto significa que de acordo com a realidade, eles escolheram o menor de todos os males e a essa extensão sempre seguem o bom caminho. Contudo, é claro que devemos alterar a realidade para que possam aceitar o caminho absolutamente completo. E é verdade que o poder da manutenção nas massas em geral escolhe para elas um caminho de acordo com a situação. Por esta razão, assim que corromperam a interpretação da Torá e Mitzvot [mandamentos], se tornaram rebeldes. Contudo, é um dever sagrado achar a interpretação verdadeira na sociedade e então será ao contrário: O poder de guardar nas massas forçará a manutenção de Torá e Mitzvot.

*

... público do primeiro grau.

Para preparar o caminho que ele tentou (sua razão)

1) Nazismo: egoísmo; o internacional: altruísmo

2) É possível desestabilizar os Nazis somente através da religião do altruísmo.

3) Somente os trabalhadores estão prontos para esta religião, pois ela é uma revolução na percepção religiosa.

4) Esta percepção religiosa tem três papeis.

a) debilitar os Nazis.

b) Qualificar as massas a assumirem o governo coletivo para que elas não caiam como os Russos fizeram. (Isto segue o termo: O progresso vem somente através da religião.) Isto assim é porque quanto mais o trabalhador precisa de recompensa pelo trabalho, o regime não consegue sobreviver, como disse Marx.

c) Tomar a religião dos possuidores e a tornar num instrumento nas mãos dos trabalhadores.

5) Primeiro, ela será aceite pelos trabalhadores e através deles pelo todo de Israel e o mesmo vale para o internacional de todas as nações e através deles a todas as classes entre as nações.

6) Revolução na percepção religiosa significa que em vez dos monges serem até então os destruidores do mundo, quando assumirem o altruísmo, os monges serão os construtores do mundo, dado que a medida de ansiedade pode ser medida somente pela ajuda da sociedade, em prol de trazer contentamento ao fazedor.

7) Este conceito é clarificado em praticamente 2000 páginas que explicam todos os segredos da Torá que o homem humano não consegue ver. Ele fará toda a pessoa acreditar na sua veracidade, pois eles verão que elas são as palavras do Senhor, pois segredos de uma sabedoria gloriosa atribuídos à profecia testemunham sua veracidade.

8) O distribuidor da religião deve ser capaz do Plano A, trazendo tanta fé quanto o possível ao povo.

Em acréscimo, ele deve trazer completa suficiência ao imóvel, vegetativo, animal e falante. Sem isso, a religião é insustentável. É como Maimônides disse, que é como uma linha de cegas pessoas conduzidas por uma pessoa que vê. Isto é, o falante deve se encontrar na frente da linha em todo o lugar e em toda a geração. Assim, qualquer religião que não garanta suscitar um homem se tornar falante a partir de mil, essa religião é insustentável.

9) Espalhar a religião do amor é feito através da Torá e oração que podem intensificar a qualidade de doação de um sobre os outros. Nessa altura, a Torá e oração são como aquele que afia a sua faca, para que ela possa cortar e acabar rapidamente o seu trabalho. Inversamente, aquele que trabalha com uma faca por afiar acredita que é melhor não desperdiçar tempo afiando a faca e ele é enganado pois seu trabalho leva muito mais tempo.

(É também claro em respeito ao termo que não há progresso para a humanidade senão através da religião.)

10) (pertence ao item 9) O quarto papel é a favor do Sionismo, pois durante as tréguas, quando destinos de países são decididos, não teremos esses inimigos de entre os conservadores, que pensam que não temos religião, como aprendemos das palavras de Weizmann [Chaim Weizmann (1874-1952), o primeiro Presidente de Israel], e os mediadores estão destinados a serem de entre esses conservadores.

Parte Cinco

Não Destrua

Os frívolos já perceberam que é possível ser construído, mas somente sobre a ruína do amigo de um. Este método é o que frita a humanidade no fogo até este dia, uma vez que antes que um encontre um lugar vulnerável no seu amigo, ele não consegue sequer conceber construir coisa alguma. Mas no minuto em que ele descobre uma fraqueza no caminho do seu amigo, ele lá se agarrará com suas garras e veneno até que o destrua inteiramente e lá ele edifica seu palácio de sabedoria.

Assim, todos os palácios da ciência são construídos num lugar de ruína. E por esta razão, todo o investigador está interessado somente em destruir e quanto mais ele destrói, mais ele é famoso e louvado. Certamente, este é o modo como a ciência se desenvolve e isso não pode ser negado.

Contudo, a que se parece? É semelhante à contenda que governava com suas terríveis destruições durante éons antes que a terra se tivesse formado sobre o mar. Isto, também, foi certamente uma espécie de desenvolvimento. E, todavia, não há razão para invejar essas pessoas que testemunharam essas agitações. Em vez disso, devemos ser mais invejosos daqueles que vieram ao mundo depois da fabricação da paz, depois dos materiais que combatiam terem feito a paz e cada um encontrou seu lugar de repouso na Terra como ela hoje é.

E embora a contenda persista hoje, ela é independentemente uma luta menor e não agitações onde cada um destrói seu predecessor, que se tornou inteiramente exausto. Em vez disso, eles já compreenderam que é proibido destruir, dado que "por afogares os outros, vós sois afogado e o fim daqueles que afogam é que eles, também, se afogarão" (Masechet Avôt, 2, 6). Em vez disso, a contenda trata-se mais de enfraquecer e restringir, enquanto mantendo a vida dos fracos e evitar a destruir, pois ele sabe muito bem que a maré mais tarde mudará "E aqueles que afogam vós afogareis". Isso é semelhante a uma guerra onde os combatentes continuarão a lutar, que é também pela mesma razão.

Agora, se realmente aprendemos da história prática, não devemos negligenciar o supracitado princípio e devemos levar a realidade em consideração, como num status quo e punir aquele que assassina uma visão tal como punimos aquele que assassina uma pessoa. Isto assim é porque uma mente sem uma visão não é do tipo de emoção da piedade, pois elas são mais numerosas que todos os montes de esterco e os lagos e todo o ar e devido a isso são dadas à Providência e nos não temos tácticas pelas quais as assistir.

Por esta razão, devemos supor que a terra perante nós é vasta e há espaço para todas as visões habitarem nela, o bom como o mau. Certamente, aquele que mata e destrói uma má visão é como aquele que destrói uma visão corrigida, pois não há tal coisa como uma "má visão" no mundo. Em vez disso, uma visão imatura é má.

Deste modo, devemos julga-lo como aquele que mata uma má pessoa, onde "a voz do sangue de seus descendentes e dos descendentes de seus descendentes', são redimidos do malfeitor. Em semelhança, uma má visão é uma semente que ainda é imatura para comer, mas que eventualmente crescerá e se desenvolverá.

Devemos procurar um novo lugar para o palácio da sabedoria que queremos edificar, um lugar vago dos edifícios dos outros, ou seja sem prejudicar qualquer método existente. A mente é profunda e ampla e as palavras dos sábios são escutadas com prazer e o método dos abusadores e abusados é aceite por todos como sendo considerado mau. Assim, somente este deve ser desenraizado porque ele é obsoleto e desprezível, de acordo com todos.

Ao mesmo tempo, devemos manter todas as condutas da vida no status quo e manter a liberdade do indivíduo, dado que eles não são requisitados para nosso novo edifício porque no fim, ele é meramente uma estrutura económica. É semelhante a um mercador que queria abrir sua própria mercearia mas temia a competição, então ele queimou todas as lojas na cidade juntamente com o ouro, joias, gemas e vestes. Ele é demasiado tolo pois não se tornará mais rico ao queimar todas as lojas de joalharia. Em vez disso, as mercearias somente teriam de ser suficientes para sua ruína e que os guardas guardem e aqueles que fazem férias que façam férias. No máximo, um deve estabelecer uma lei que todos aqueles que guardam devem acrescentar trabalho de modo a saciar os examinadores.

[Nova página]

Sei o que Marco escreveu, que assim que as feridas e problemas do corpo tenham sido remendados começaremos e teremos um lugar adequado para os ideais de estudo. Além do mais, argumentando que isto é fundamentalmente falso, uma vez que sabemos da experiência que um corpo atormentado e aflito encontra melhor o conhecimento e a verdade que um corpo saciado que não conhece carência.

Mas até se deixarmos suas palavras serem, devemos ainda dizer, "Não destruir". No mínimo, é semelhante a uma pessoa que árvores de fruto porque ela quer examiná-las para que se tornem mais frutuosas. É tolice, pois se ele as corta elas morrerão e não haverá ninguém que apanhe frutos.

É similar com as visões, que chegaram até nós pela herança de nossos pais durante centenas de gerações de desenvolvimento. Aquele que as corta, as seca e as arruína, nos prometendo que mais tarde, quando ele repousar, as examinará e as melhorará, se possível. Isto é folia completa.

74

Ele assume que a religião prejudica a comuna (Mas como pode ele estar certo desta suposição? Afinal de contas, é uma visão que se espalha entre as pessoas da positividade e negatividade e muitos são os apoiantes.) Ele só pode disputar a forma do entendimento de que os abusadores usam para seu próprio benefício. Deste modo, devemos combater o entendimento, para que não prejudique, mas não o sentenciar a uma sentença de morte.

E, todavia, sua teoria inteira é edificada somente sobre o ódio à religião, semelhante às estruturas dos académicos contemporâneos a respeito do ódio à religião, sem qualquer motivo de dano económico. Por esta razão, temos a permissão de exigir dos verdadeiros sábios, cuja intenção é somente o lado económico, para remover este item dos seus livros. Somente então terão eles esperança de vencer uma vitória duradoura que não escorregue sobre seu próprio vómito.

Numa palavra, não há alegria sem calamidade, nem bem sem mal. Até a pessoa mais sábia não pode ser salva de uma miscelânea de erros e este é o lado fraco dele, que deixa espaço para aqueles que o venham disputar e acabarem com ele. Este é o lado fraco do Marxismo e é por isso que a ocupação é difícil para eles e tem cem vezes o direito de existir.

Deste modo, se vós sois verdadeiros ao vosso método e desejais sua persistência, apressai-vos e apagai o supracitado item de vossas leis e então vossa estrada será seguramente pavimentada.

A Profecia de Marx Tornou-se Realidade?

Por um lado, sua profecia pode ser considerada se ter realizado. As pessoas poderosas têm-se sentado durante algum tempo pelo medo de certa ruína, sobre maravilhosas armas que acumularam e das quais não há uma migalha de esperança de se livrarem, ou de se equilibrarem. Também, os economistas verão sua ruína aos seus olhos e qualquer chance de salvação foi esgotada da realidade. As multidões esfomeadas se acumulam em terríveis massas todos os dias, a classe trabalhadora já completou quase sua maturidade, etc., etc.

Por que Foram Eles Lançados para a Direita?

Por outro lado, descobrimos o oposto. O Fascismo cresce diariamente, primeiro a Itália, agora a Alemanha, amanhã a Polónia, e a América também está à beira e assim por diante. Deve ser que esse profeta havia falhado um ponto, que causou seu grave erro.

Enterrado na Sua Própria Teoria

Mas ele é enterrado na sua própria teoria, pois ele acrescentou redundâncias à teoria da participação e estas são as duras sementes que a história não consegue processar que se pareça (religiosidade e nacionalismo), e elas foram rejeitadas para a direita.

[Nova página]

Política Defeituosa

O guarda não precisa de se sentar e guardar os excessos que não digam respeito ao seu conservadorismo, nem o buscador da liberdade precisa de perseguir a liberdade pelos luxos do corpo, nem o colaborador precisa de destruir as visões que não contradigam seu socialismo.

Todos estes três métodos são reais e são igualmente respeitados pelos seus proponentes. Se as forças deixam uma seita destruir outra durante um tempo, isso é uma encarnação e no final, devem haver leis que limitem os tipos de armas, para que uma não destrua a outra a uma extensão maior. Isso é circular, e um não sabe o que o seu amanhã trará.

Deste modo, antes que o dia da luta chegue, há tempo para a mente se proteger de uma ruína completa de um dos lados. O presente poder não deve ser confiado, mas em vez disso um certo futuro.

Considerando a verdade entre os métodos, defino sua palavra de acordo com a lei da evolução, uma vez que cada visão e cada método prepara e abre caminho para um método melhor. E enquanto ele não for feito, ele deve ser mantido e persistido, uma vez que ao destruí-lo vós destruís a visão e o método cujo papel é produzir seu fruto.

O próprio Marx o havia salientado ... porque ele diz que dos grandes burgueses emerge a classe trabalhadora. Deste modo, vereis evidentemente que se houve um salvador para a classe trabalhadora nessa altura, para destruir a grande burguesia, ele certamente obliteraria as fundações da comuna a partir das suas raízes, como esta forte lei, "não destruir", vos conta, até que o tempo chegue por si mesmo. Nesse respeito, eu o disputo porque ele diz que devemos forçar o assunto a todo o custo, e eu digo, exceto com a ruína das visões, que não o necessitam ou que se pareça.

Para todas as coisas, há um tempo, e o tempo do socialismo chegou. Ai dos tolos que falham a hora e o lugar perante eles obstáculos e limites completamente redundantes, que são como o fumo aos seus olhos. Por esta razão, antes que se virem para um lado ou para o outro, o mundo já se terá revirado e eles encontrarão "alívio e salvação noutro lugar", e eles e seu método serão perdidos durante um longo tempo.

A guerra sobre a definição da nacionalidade é completamente redundante e nada é senão propriedade privada. Não há propriedade privada no espiritual, somente nas propriedades corpóreas. Aquele que não deseja o desenvolvimento da sabedoria e que não sabe que a inveja de autores aumenta a sabedoria? Deste modo, ninguém o disputa até entre os Marxistas da extrema esquerda. Em vez disso, a guerra diz respeito somente às propriedades corpóreas, pelas quais a inveja nada rende senão susto e agonia desnecessários. Assim, porque deveis vós combater pelas propriedades espirituais e nacionalidade?

Assumamos que todas as nações alcançaram a paridade económica e anularam a propriedade privada a extensão tal que a existência dos abusadores é impensável. Em vez das nações competirem umas com as outras pelos bens corpóreos, doravante a competição será pelos bens espirituais. Essa competição está destinada a emergir nos indivíduos, tal como no público. Mas aqui, ninguém fala disso, até os mais extremos, mas antes fosse assim.

Deste modo, nosso debate revolve somente ao redor dos bens espirituais do passado. Dizeis que permitimos a aquisição de tais bens no futuro com toda a liberdade desejável e adequada, mas no passado a tirais de vossas casas. Não é isso demente e revirado? Afinal de contas, o que será permitido no futuro, porque devemos destruir o grande grosso que está pronto do passado? Isso é como aquele rei famoso Egípcio que herdou uma biblioteca de livros preciosos do tamanho de três ruas e ele ordenou que fossem queimados porque não são necessários para a existência da religião ou com medo do mal.

E além do mais, nenhuma nação obedecerá a vossa ordem de destruir todos os bens do seu passado. Eles lutarão por isso com devoção (mas sois absolutamente permitidos pois não tendes necessidade dela de todo). Certamente, até se um espírito da loucura tomar conta da terra para lhes obedecer a fazer isto, eles devem poupar esta estrutura gigante de várias gerações de ser perdida sem razão de todo.

Logo, deveis deixar o "Vós nos haveis escolhido" de cada nação intacto, à extensão que eles o quiserem. Somente a base corpórea de cada nação deve ser abolida, dado que a base agora alcançou seu termo e está em crise por si mesma. Por esta razão, ela pode receber correção de qualquer que seja a mão que procure por ela. Contudo, juntamente com isso devemos dar total e completa confiança a toda e cada nação que seus bens espirituais sejam mantidos na totalidade.

Não podemos discutir sobre as afirmações que se opõem ao socialismo como fazemos com a religião, dado que tanto os legisladores como autoridades religiosas admitem que "renúncia de um tribunal é renúncia e a lei da terra é uma lei vinculativa". Por esta razão, todas essas leis que se opõem fundamentalmente ao socialismo permanecerão como história obsoleta, pois agora, também, já há uma grande maioria oculta e não usada.

Perante nós há três forças na realidade, se combatendo umas às outras. E embora isso contradiga as visões dos Marxistas, que tomam em consideração somente duas forças, abusadores e abusados, ela é uma teoria contraditória que não tem mais mérito que suas teorias anteriores. Contudo, de acordo com a base do próprio Marxismo, devemos tomar em consideração somente aquilo que é prático, não teorias intermináveis. Foi por isso que escolhi detectar três forças como se estivessem dispostas perante nossos olhos na realidade.

Nova Divisão de Classes: Velozes e Inativos

Assumamos que uma nação é indolente e outra nação é naturalmente mais ágil. E aquilo que uma faz em duas horas, a outra faz numa hora. Naturalmente, haverá queixas: Uma dirá que todas as nações devem trabalhar o mesmo número de horas e a outra dirá que aquilo que conta é a quantidade que produzem. E tal como é com aqueles que discutem, cada um insistirá. Qual é a fundação pela qual o tribunal deve decidir? É de acordo com o princípio, "daí tanto quanto puderes e recebei tanto quanto necessitais", isso ainda não necessita de uma quantidade igual de tempo. E se julgarmos as nações de acordo com a quantidade de tempo, então também os indivíduos, terão um argumento semelhante e os diligentes trabalharão metade do que trabalham os fracos. Assim, haveis preparado para vós uma nova classe de velozes e uma classe de indolentes.

Podeis dizer que há poder na maioria inativa sobre a força da minoria veloz na nação, mas certamente não há tal poder entre as nações. Assim, criareis classes entre as nações e abusadores e abusados entre os indivíduos.

A Chegada do Redentor

Isto não é novo, pois os próprios fundadores o sabiam, como diz ele. ...que no princípio eles verão como isto é possível através do compromisso, e finalmente chegaremos a verdadeiros ideais, ao mais alto grau do socialismo, onde cada um dá tanto quanto ele possa, então recebe somente tanto quanto necessita, ou seja o mesmo que os inativos. Isto pode ser feito somente pela chegada do redentor, quando a terra estiver cheia do conhecimento. Então o doador compreenderá que ele se esforça pelo seu Deus, dando contentamento ao seu fazedor.

[Nova página]

Os instintos idealistas já golpearam numerosas raízes na raça humana. Eles também vêm e se tornam antiquados e ganharam apoio num lugar onde nenhum consegue alcançar, nomeadamente o subconsciente do cérebro alongado, que sozinho movimenta os nervos do homem, sem a consciência da pessoa. Foi por isso que experimentaram na Rússia, como é conhecido que não fizeram uma única coisa em todas as suas guerras. Estes guerreiros deviam saber que o coração humano lhes dará qualquer coisa se só o deixarem com seus próprios ideais, que chegam até ele através da herança das gerações passadas para o subconsciente de um. Se eles insistirem em destruir este legado, também, eles mesmos sofrerão as consequências, pois o calor e o enxofre se acumulam pouco a pouco até que esteja cheio até ao rebordo e comece a explodir.

E além de tudo isso, uma nova geração cresce, "que não conhecia José". Eles não compreendem de todo toda a necessidade e carência de revogar a propriedade privada da sua carne e ossos, mas somente de acordo com a teoria seca. Por esta razão, a paixão da propriedade privada está profundamente enterrada no seu subconsciente de gerações passadas, depois de toda a aprendizagem, um belo dia estabelecerão acampamentos de jovens de todos os lados e eles mesmos condenarão os idosos à morte com toda a sua propriedade e sabedoria. Isto assim é porque uma ideologia não chega a uma pessoa a partir do intelecto, mas somente das experiências da vida, por afeto e uma combinação do bem e mal, como com as máquinas automáticas. A mente não tem controlo sobre o corpo, pois ele nos é completamente estranho. Assim, esses jovens socialistas que adquiriram conhecimento através de sua própria astúcia não podem ser confiados ou que se pareça e eles rebentarão como uma bolha de sabão.

Uma Última Palavra de Política

Nessa altura, três forças se sentarão no trono nos conselhos, direita, esquerda e centro. Elas discutirão e lutarão umas com as outras: a direita se opondo à liberdade da esquerda e a esquerda se opondo ao reacionarismo da direita e a neutra dará espaço a ambas, e a maioria solucionará e determinará.

Certamente, numa elas já chegaram à solução, nomeadamente compartilharem todas as carências positivas necessárias da vida, ou seja, igual partilha de todas as necessidades da economia: uma terra para todos aqueles que vivem nela e uma divisão nos seus prazeres corpóreos. Todas as tribulações e argumentos que carregarão sobre o sofrimento dos predicados espirituais, juntamente com os três graus, inveja, cobiça e honra, eles se virarão e se restringirão a si mesmos somente nos limites espirituais.

Esta versão certamente será a palavra final da política pois ela permanecerá para sempre como uma lei inexorável. Isto assim é porque de acordo com o desenvolvimento da espécie humana, assim as visões se separarão e se intensificarão e cada uma será muito mais obstinada que aquela que presentemente é sobre a sua fortuna. Não há esperança de sair deste estreito a menos que as pessoas comecem a regredir para a forma de tolos, ou seja serem esvaziados de toda a sua razão.

Por esta razão, haverá praticamente tantos partidos como há pessoas e não há solução para isso senão a lei fixa, "seguir a maioria". Nessa altura as pessoas farão entre elas vários compromissos até que se reúnam em grupos. E nos grupos, haverá competição com as oposições até que a própria oposição se separe.

Logo, os grandes grupos se dividirão em mais pequenos, e os pequenos em minúsculos, bem como comerciarão entre eles, como é costume nestes dias. Contudo, esta negociação deve adquirir uma forma mais mordazes cada vez, precisamente de acordo com a medida de desenvolvimento das visões sem compromisso para sempre, pois deveria ser para sempre.

[Nova página]

Contudo, numa, na propriedade privada, eles já chegaram a uma solução aceite: Cada um dará tanto quanto um bem-sucedido possa dar e receberá tanto quanto um malsucedido, sem somar sequer um fio de cabelo. E as horas laborais serão tempo adicional para os veteranos, que darão em comparação com os fracos, para os isentar completamente e não os afligir. Isto é semelhante à caridade de hoje.

Também, em cada cidade e comunidade, os fracos serão distribuídos igualmente. E se houverem muitos voluntários na comunidade, então todos os fracos serão isentos. Se há poucos, então somente alguns deles, os mais fracos, serão isentos.

Aquele que quebrar estas regras será punido ao dar sua porção, ou pela punição criminal.

O Anterior de uma Ideia

A veracidade do espírito do prazer daquele que exprime é evidente. Eu me tornei um c ... embora ... [palavras indecifráveis no manuscrito] muitos anos antes, embora não tenha prestado atenção até os ter visto a falar e a discutir. Então reconheci a verdade como ela é. É uma lei que aquele que está completamente incomodado não será satisfeito pelas posses corpóreas. Até quando envolvido num ideal, um deve sentir prazer durante o envolvimento. A medida do espírito e deleite que um sente depende da veracidade do ideal com o qual ele se encontra envolvido.

Logo, descobrimos para a verdade uma face anterior pela qual a conhecemos, ou seja, meramente ao olhar para a pessoa que a exprime, se ela desfruta ou não. E a quantidade de prazer é a quantidade de verdade. Isto foi o que me trouxe nesta ideia, pois até então nunca vi ninguém exprimir qualquer ideia com tamanho contentamento e deleite como eles.

A Verdade Absoluta

Se não há verdades absolutas, mas temporárias, então direi que a verdade em si mesma é a verdade absoluta para o seu tempo. É tal como não pode ser dito sobre certa realidade que está prestes a morrer que ela é considerada morta, enquanto ainda está viva, ela é uma realidade absoluta.

[Nova página]

Tudo é operado seja voluntariamente ou pela coação, e a mente não força. Deste modo, tenho uma questão: Quem movimentará o socialismo quando atua? Que fonte fará seu desejo de se mover, ou por que força a coação cairá sobre ele?

Isto assim é porque nessa altura, o movimento se tornará para ele como uma espécie de propriedade privada e cada pessoa é meticulosa com sua energia, para não a dispersar desnecessariamente até tanto quanto o mais que pela sua fortuna. E se o socialismo não é porque ele é deficiente, devido à poupança de energia, então ele certamente não esbanjará a energia em vão. Logo, de onde virão a justiça e compaixão?

Apressar Seu Amadurecimento: através da Religião

O ideal socialista requer amadurecimento no coração de um durante pelo menos três gerações inteiras e paz e aceitação geral. Deste modo, muitas tentativas e ciclos atravessará o mundo até que ele chegue ao seu fruto, mas não há maneira mais fácil de amadurecer a ideia senão através da religião.

A Nação

המניד 10 סיל

בין שבועתי   דו שבועון

הסערכה   בחדבח המערכת:
א. ג.   רחוב שלמה מס' 3 ת.ד. 5022
היחיד
שם האומה, השפה והארץ   סעיר המודעות: האיכפא 10 סיל
                         - קבועים לפי יסכם עם ההנחלה
בקרום לפרקסידם לאור
הסציאום החדשה, ושחרון   סחיר החתימה לשנתו
לשאלת אחור האופה על   באוץ 400 בחוץ לארץ 2.5 דולאר
דרסיה   להצי שנה 200 סיל
לשאלת היום
בסה ציבורים
המערכה

שנה א' גליון א-ב   ירושלים   די סיוון, חש"ה   5/6/1940

מנמתר

עימון זה "האמה" הוא יצור חדש ברחוב היהודי, עימון שמסגרתו הוא "בין שפלבחיר". ואם תשאלו, מה הסירום של עימון "בין מפלגחיר"? איך יתואר עימון, שיובל לשמש כל המפלגנות ביחד על אף כל הניגודים והסמירות שביניהם?

אכן הוא מין בריאה, שנולדה בין הסצרים בחבלי לידה קשים ואיומים. מתוך רעל השנאה שמקף לאומות העולם להשמידנו מעל פני האדמה, כליון האיום של מיליונים סאחינו, ועוד ידם נטויה. יצר הסדיסטי שבהם לא ידע שבעה. ועוד האסון כפול, כי לא נוכל להשלות עצמנו, אשר כל זה הוא רק חומצה זמנים חולפם. כמו שמנוסים אנו ביותר בהיסטוריה, שאם איזה אומה התמרצה עלינו, מצאנו לה מחליף באומה אחרת.

אבל עמה הסצב משונה הוא לנמרי. כי מלבד שהקיפו אותנו בבת אחת מכל קצווי ארץ, הרי גם האומות הנעלות ביותר, נעלו בעדינו את הדלתות, בלי רגש כל שהוא של חמלה ורחמים. ובאופן אכזרי כזה, שאין לו תקדים בכל התהליך של ההיסטוריה האנושית, אפילו בימים הברבריים ביותר. והדבר ברור, אם לא לסמוך על נסים, שקירומו, אם בחור יחיד אם בחור אומה, נמצא על כפות המאזנים של חיים ומות. וההצלה היא, אם נמצא את התחבולה הדרושה, דהיינו אותה תחבולה הכבירה, שאין דרכה להימצא זולת בקרבת הסכנה. שהחיה בכוחה להכריע את הכף לטובתנו, – לחת לנו באן מקלט בטוח לכל פזורי אחינו. שלדברי הכול, הוא מקום ההצלה

Nossa Intenção

Este jornal, A Nação, é uma nova criatura na rua Judaica: um jornal "inter-faccionário". E você pode perguntar, "O que significa um jornal 'inter-faccionário'? Como pode haver um jornal que pode servir todos os partidos juntos, apesar da oposição e contrastes entre eles?"

Certamente, é o tipo de criação que nasceu em dificuldades, através de duras e terríveis dores de parto, de entre o veneno do ódio que golpeou as nações para nos obliterarem da face da Terra, a destruição de milhões de nossos irmãos, e eles estão ainda assim preparados para continuar. A inclinação sádica dentro deles não está satisfeita, e a calamidade é dupla pois nós não nos conseguimos iludir a nós mesmos que este é senão um passageiro e transitório fenómeno, como com nossas passadas experiências na história, que se uma nação irrompe sobre nós, nós achamos seu substituto noutra.

Contudo, agora as coisas são muito diferentes. Não só somos nós atacados de todas as partes da terra de uma vez, mas até as mais altas nações trancaram suas portas perante nós sem qualquer sentimento de misericórdia ou compaixão, e de tal maneira implacável, sem precedentes no todo da história da humanidade, até nos tempos mais bárbaros.

É claro, salvo confiando em milagres. Que a nossa existência como indivíduos ou como uma nação está pendurada entre a vida e morte. E a salvação é, se nós conseguirmos achar o estratagema requisitado, esse grande esquema cujo caminho é apenas achado perto do perigo, e que pode inclinar a balança para nosso favor - para nos dar um refúgio para toda a Diáspora de nossos irmãos, que todos dizem que é, no presente, o único lugar de salvamento.

Então, a estrada da vida estará aberta para nós, para de alguma forma continuarmos nossa existência apesar das dificuldades. E se nós perdermos a oportunidade e não subirmos como um, com os grandes esforços requisitados numa altura de perigo, para garantir o remanescente na terra, então os factos perante nós são grandemente ameaçadores para nós, dado que as questões estão a evoluir favoravelmente para nossos inimigos, que estão a pedir para nos destruírem da face da Terra.

É também claro que tal um enorme esforço, uma união sólida e dura como o aço é requisitada, de todas as partes da nação, sem exceção. Se nós não sairmos com fileiras unidas em direção às poderosas forças que se encontram no nosso caminho para nos prejudicar, nós descobriremos que nossa esperança está condenada em avançado.

E depois de tudo isso, cada pessoa e partido sentam-se e guardam meticulosamente suas posses sem quaisquer concessões. E sob nenhumas circunstâncias podem eles, ou mais corretamente, irão eles alcançar união nacional, como este tempo perigoso para todos nós requer. Assim, nós estamos submersos em indiferença como se nada tivesse acontecido.

Tente imaginar se certa nação nos mostrasse a porta, como é tão comum nestes dias. É então certo que nenhum pensaria sobre a sua filiação faccionaria, pois, o problema nos moldaria a todos nós numa massa, fosse para nos defender-nos a nós mesmos, ou para fazer as malas e fugir por mar ou por terra. Tivéssemos nós sentido o perigo como real, indubitavelmente nos teríamos nós adequadamente unido, também, sem qualquer dificuldade.

Sob estas circunstancias, um pequeno grupo de nós, de todas as seitas, se encontrou; pessoas que sentem o terrível chicote sobre suas costas como se ele já se tivesse materializado. Eles tomaram sobre si mesmos publicar este jornal, o qual eles acreditam será um canal leal através do qual transmitirem suas sensações a toda a nação, com todas suas seitas e facções, nenhuma excluída. Ao o fazer, os contrastes e o tacanho faccionalismo seriam cancelados. Mais corretamente, eles seriam silenciados e abririam caminho para o que os precede, e nós seriamos capazes de nos unir num único, corpo sólido, qualificado para se proteger a si mesmo nesta altura crucial.

E embora este perigo seja conhecido a todos, como ele é conhecido a nós, talvez ele ainda não tenha evoluído suficientemente em todo o público, como ele é verdadeiramente. Se eles o tivessem sentido, eles teriam há muito sacudido a poeira do faccionalismo à extensão que ele obstrui a união de nossas fileiras. Se não é assim, é apenas porque esta sensação ainda não é partilhada por muitos.

Então, nós tomamos sobre nós mesmos a publicação deste jornal, para guardar e avisar do problema, e explicá-lo ao público até que todos os elementos segregativos sejam silenciados, e nós sejamos capazes de encontrar nosso inimigo com fileiras unidas, e dar-lhe devidamente resposta.

Além do mais, nós estamos certos que Israel não está só, e entre nós existem os que buscam os corações, e podem providenciar um esquema bem-sucedido que irá unir todas as facções na nação. E da experiência nós aprendemos que especificamente essas pessoas se sentam no canto sem ouvintes. Neste jornal, nós estamos prontos para arranjar espaço para qualquer um que carregue uma solução garantida para unir a nação, para a publicitar e a soar no público.

Em acréscimo a tudo o acima, ao publicar este jornal, visamos defender nossa antiga cultura de milénios, desde antes da ruína do país. Nós visamos a revelá-la, e limpá-la das pilhagens que se acumularam sobre ela durante os anos de nosso exílio entre as nações, para que sua pura natureza Judaica seja reconhecida, como elas foram nesse tempo. Isto irá trazer-nos o maior benefício, pois nós seremos capazes de encontrar uma maneira de conectar meio de nossa Diáspora com esse tempo glorioso, e redimir-nos a nós mesmos de nos alimentarmos de vinhas que não plantámos.

Os Editores

O Individuo E A Nação

O ser humano é um ser social. Nós não podemos satisfazer nossas necessidades vitais sem assistência dos outros. Logo, parceria com muitos é necessária para a nossa existência. Este não é o lugar para explorar o perfazer das nações. Nós podemos bastar-nos com estudar a realidade como ela nos aparece a nossos olhos.

É na realidade um facto que o indivíduo está desamparado em preencher as suas próprias necessidades sozinho. Nós precisamos de uma vida social. Logo, indivíduos foram compelidos a se unirem e uma união chamada "uma nação" ou "um estado," no qual cada se envolve no seu próprio ofício, alguns em agricultura, alguns em artesanato. Eles conectam-se através da troca de seus produtos. Então, as nações foram feitas, cada uma com a sua natureza única, ambas na vida material e na vida cultural.

Observando os reflexos da vida, nós vemos que o processo de uma nação é muito similar ao processo de um único indivíduo. A função de cada nação é como a função dos órgãos em um único corpo. Pois o corpo deve ter uma harmonia entre suas partes - os olhos veem e o cérebro é assistido por eles para pensar e consultar, então as mãos trabalham ou lutam, e as pernas caminham. Logo, cada fica em sua guarda e aguarda por sua função. Similarmente, os órgãos que compreendem o corpo das nações, os conselheiros, os empregadores, os trabalhadores, os fornecedores, etc. devem funcionar em completa harmonia entre eles. É necessário para a vida normal da nação e para uma existência assegurada.

Pois a morte natural do indivíduo resulta da desarmonia entre os seus órgãos, o declínio natural da nação resulta de certa obstrução que ocorreu entre seus órgãos, como nossos sábios testemunharam (Tosfot, Baba Metzia, Capitulo Dois) que Jerusalém foi arruinada apenas devido a ódio sem fundamento. Nessa altura, a nação foi empestada e morreu, e seus órgãos foram dispersos em todas as direções.

Desta forma, é uma condição obrigatória para cada nação estar fortemente unida no interior, para que todos os indivíduos dentro dela estejam anexados um ao outro através de amor instintivo. Além do mais, cada indivíduo deve sentir a sua própria felicidade na felicidade da nação, e a sua decadência na decadência da nação. Um deve estar disposto a dar o seu todo pela nação num tempo de necessidade. Caso contrário, seu direito a existir como uma nação no mundo está condenado desde o início.

Isto não significa que todas as pessoas na nação, sem exceção, devem ser assim. Isto significa que as pessoas dessa nação, que sentem essa harmonia, são as que fazem a nação, e a medida de felicidade da nação e seu direito a existir são medidos por sua qualidade. Após uma soma suficiente de indivíduos à existência da nação ter sido achada, pode haver uma certa medida de costelas soltas, que não estão conectadas ao corpo da nação na supramencionada medida, dado que a base é já assegurada sem eles.

Assim, em tempos antigos, nós não encontramos uniões e sociedades sem parentesco entre seus membros. É porque esse amor primitivo, que é necessário para a existência da sociedade, é encontrado apenas em famílias que são ramificações de um único pai.

Contudo, à medida que as nações evoluíram, houveram sociedades conectadas sob o termo "estado," isto é, sem quaisquer laços familiares ou raciais. A conexão do indivíduo ao estado não é mais uma conexão natural, primitiva, mas deriva de uma necessidade comum onde cada indivíduo se une com o todo em um único corpo, que é o estado. E o estado protege o corpo e posses de cada indivíduo com todo o poder de um estado.

Certamente, essa transição, onde as gerações de moveram de uma nação natural para uma nação artificial, de laços que derivam de amor primitivo a laços que derivam de uma necessidade comum, não toma alguma coisa das condições necessárias num estado natural, racial. A regra é que cada indivíduo saudável tem completo controlo sobre os seus órgãos, baseados em amor, porque os órgãos alegremente lhe obedecem em respeito às suas necessidades gerais, baseadas em amor e devoção instintiva dos indivíduos ao todo. Esta é a força mais conveniente, suficiente para mover todos os indivíduos em direção às necessidades do público.

Contudo, dominação baseada em coerção e punição é uma força demasiado fraca para mover cada indivíduo suficientemente para guardar as necessidades do público. O público, também, irá enfraquecer e não será capaz de preencher seu compromisso de guardar e assegurar cada corpo individual e posses.

E nós não estamos preocupados com a forma de governo aqui. Seja autocrata, democrata ou coletivo; eles não mudam a essência do estabelecimento da força de união social. Ela não pode ser estabelecida, e muito menos persistir, senão através de laços de amor social.

É vergonhoso admitir que um dos mais preciosos méritos que perdemos durante o exílio, e o mais importante deles, é a perda da consciência da nacionalidade, esse sentimento natural que conecta e sustenta toda e cada nação. Os fios de amor que conectam a nação, que são tão naturais e primitivos em todas as nações, se tornaram degenerados e separados de nossos corações; eles desapareceram.

E o pior de tudo é que o pouco que temos de sobra do amor nacional não está naturalmente instigado em nós, como ele está em todas as nações. Ele em vez disso existe dentro de nós numa base negativa: ele é o sofrimento comum. Cada um de nós sofre de ser um filho da nação, que imprime em nós uma consciência nacional e proximidade. Nós somos companheiros sofredores.

Esta é uma causa externa. Enquanto esta causa externa se juntou e fundiu com nossa consciência natural, uma espécie estranha de amor nacional emergiu e cintilou desta desordem, não natural e incompreensível.

E o mais importante é que ele é completamente desajustado para sua tarefa. Sua medida de calor basta apenas para uma excitação efémera, mas sem o poder e força com os quais nós podemos ser reconstruídos como uma nação que se carrega a si mesma. Isto é porque uma união que exista devido a uma causa externa não é de todo uma união natural.

Nesse sentido, nós somos como uma pilha de nozes, unidas em um corpo único do exterior pelo saco que as envolve e une. Sua medida de união não as faz um corpo unido, e cada movimento aplicado pelo saco produz nelas tumulto e separação. Logo, elas chegam consistentemente a novas uniões e agregações parciais. O defeito é que elas carecem da união interna, e sua inteira força de união vem através de um incidente externo. Para nós, isto é muito doloroso para o coração.

Certamente, a centelha de nacionalismo foi mantida dentro de nós na sua completa medida, mas ela ofuscou e se tornou inativa. Ela também foi grandemente magoada pela mistura que ela recebeu do exterior, como nós dissemos. Contudo, isto não nos enriquece, todavia, e a realidade é muito amarga.

A única esperança é de estabelecer através de uma nova educação nacional para nós mesmos, para descobrir e acender uma vez mais o amor nacional natural que foi esmaecido dentro de nós, para reanimar uma vez mais os músculos nacionais, que ficaram inativos em nós durante dois milénios, em cada meio adequado a seu fim. Então nós saberemos que temos uma fundação natural, confiável para sermos reconstruídos e continuarmos nossa existência como uma nação, qualificada a se carregar a si mesma como todas as nações no mundo.

Há uma pré-condição para qualquer trabalho e qualquer ato. Porque no princípio, a fundação deve ser construída de uma maneira suficientemente saudável para carregar o peso que é suposto ela carregar. Então a construção do edifício começa. Mas é uma vergonha para os que constroem edifício sem uma base sólida o suficiente. Não só não estão eles a construir alguma coisa, eles estão a colocar-se em perigo a si mesmos e a outros próximos a eles, o edifício cairá com o mais ligeiro movimento e suas partes se dispersarão em todas as direções.

Aqui eu devo sublinhar a respeito da supramencionada educação nacional: embora eu planeie plantar grande amor entre os indivíduos da nação em particular e para o todo da nação em geral, na mais completa medida possível, isto não é de todo similar a chauvinismo ou a fascismo. Apesar da aparente similaridade das palavras em seus sons superficiais, dado que chauvinismo não é nada senão amor nacional excessivo, eles estão essencialmente longe uns dos outros como o preto do branco.

Para facilmente percepcionar a diferença entre eles, nós devemos compará-los às medidas de egoísmo e altruísmo no indivíduo. Como nós dissemos, o processo da nação é muito similar ao processo do indivíduo em todos os detalhes particulares de um. Esta é a chave geral pela qual compreender todas as leis nacionais sem desviar à direita e esquerda nelas até um fio de cabelo.

Claramente, a medida de egoísmo inerente em cada criatura é uma condição necessária para a própria existência da criatura. Sem ela, ela não seria um separado e distinto ser em si mesma. Todavia, isto não deve de todo negar a medida de altruísmo numa pessoa. A única coisa requisitada é de definir distintos limites entre elas: a lei do egoísmo deve ser mantida em todo o seu poder, à extensão que ela respeita a existência mínima. E com alguma coisa que é um excesso a essa medida, permissão é concedida para dispensá-la pelo bem-estar dos seus companheiros.

Naturalmente, qualquer um que aja nesta maneira será considerado extremamente altruísta. Contudo, os que renunciam a sua própria quota mínima, também, pelo benefício dos outros, e assim arriscam suas vidas, isto é completamente não natural, e não pode ser mantido, mas apenas uma vez na vida.

O egoísta excessivo, que não tem consideração de todo pelo bem-estado dos outros, é repugnante a nossos olhos, pois esta é a substância da qual os saqueadores, os assassinos e todos os de má cultura vêm. É similarmente assim com o egoísmo natural e altruísmo: o amor nacional, também, deve ser impresso em todos os indivíduos da nação não menos que o amor egoísta individual numa pessoa pelas suas próprias necessidades, suficiente para sustentar a existência da nação e como uma nação, para que ela se possa carregar a si mesma. E o excesso dessa medida mínima pode ser dedicada ao bem-estar do humanismo, ao todo da humanidade, sem quaisquer diferenças de nações ou de raça.

Inversamente, nós somos absolutamente odiosos do excessivo egoísmo nacional, começando das nações que não têm consideração pelo bem-estar dos outros, aos que roubam e assassinam outras nações para seu próprio prazer, chamado "chauvinismo". Então, os que se retiram completamente do nacionalismo e se tornam cosmo políticos por motivos humanos, altruístas, estão essencialmente a errar. Isto é porque nacionalismo e humanismo não são de todo contradição em termos.

É desta forma evidente que o amor nacional é a base de cada nação, tal como o egoísmo é a base de todos os seres existindo individualmente. Sem ele, ela não seria capaz de existir no mundo. Similarmente, o amor nacional nos indivíduos da nação é a base para a independência de cada nação. Esta é a única razão pela qual ela continua ou deixa de existir.

Por esta razão, esta deve ser a primeira preocupação no reanimar da nação. Este amor não está presentemente dentro de nós, pois nós o perdemos no nosso vaguear entre as nações durante os passados dois milénios. Apenas indivíduos se reuniram aqui, sem quaisquer laços de puro amor nacional. Um conecta-se através da língua comum, outro através da terra comum, um terceiro através da religião comum, e um quarto através da história comum. Todos eles querem viver de acordo com a medida pela qual eles viveram na nação de onde eles vieram, e não tomar em consideração que lá era uma nação baseada nos seus próprios membros antes que ele ou ela se tivesse juntado a ela, e na qual ele ou ela não tomou parte ativa em estabelecer.

Contudo, quando uma pessoa vem para Israel, não existem ordens pré organizadas que bastem para uma nação funcionar por si mesma, nós não temos outra substância nacional sobre que estrutura podemos confiar, e também não temos desejo para isso. Em vez disso, nós devemos ser completamente confiantes de nossa própria estrutura; e como podemos nós fazer isso quando não há ainda qualquer conexão nacional natural que nos una para esta tarefa?

Estes fracos laços - língua, religião, e história, embora eles sejam valores importantes, e ninguém negará seu mérito nacional, eles são ainda completamente insuficientes para confiar como uma base para o sustento independente de uma nação. No fim, tudo o que temos é uma reunião de estranhos, descendentes de culturas de setenta nações, cada construindo um palco para si mesmo, o seu espírito e o seu gosto. Não há coisa elementar aqui que nos una a todos no interior em uma massa singular.

Eu sei que há uma coisa que é comum a todos nós: a fuga do amargo exílio. Contudo, esta é apenas uma união superficial, como o saco que mantém as nozes juntas. É por isso que eu afirmei que nós precisamos de organizar para nós mesmos uma educação especial através de circulação generalizada, instigar em cada de nós um sentido de amor nacional, ambos de uma pessoa para outra, e dos indivíduos ao todo, e redescobrir o amor nacional que foi instigado dentro de nós desde o tempo que estávamos na nossa terra, uma nação entre as nações.

Este trabalho precede todos os outros, porque além de ser a base, ele dá a estatura e sucede-se a todas as outras nações que nós queiramos tomar neste campo.

A.G.

O Nome Da Nação, A Língua E A Terra

Devemos examinar o nome de nossa nação. Acostumámo-nos a nos chamarmos a nós mesmos "Hebreus", enquanto nossos nomes habituais, "Judeu" ou "Israel", se tornaram obsoletos. É tanto assim que para distinguir o jargão da língua da nação a chamamos à língua da nação "Hebraico", e ao jargão, "Íidiche".

Na bíblia encontramos o nome, Hebraico, pronunciado somente pelas nações do mundo, especialmente pelos Egípcios, tais como, "Vede, ele trouxe um Hebreu sobre nós para nos zombar" (Génesis, 39:14), ou "E lá estava entre nós um jovem homem, um Hebreu" (Génesis, 41:13), ou "Este é um dos filhos dos Hebreus" (Êxodo, 2:6). Os Filisteus também usam este nome: "Caso os Hebreus façam uma espada" (1 Samuel, 13:19). Também o encontramos na relação entre as nações e nos, tal como a guerra de Saul com os Filisteus, quando ele declarou, "Que escutem os Hebreus", e "os Hebreus atravessaram a Jordânia" (1 Samuel, 13:7).

Além do mais, persistentemente encontramos o nome, "Hebreu", na proximidade a escravos, tais como um escravo Hebreu ou uma criada Hebraica, etc., contudo, na verdade, nunca encontraremos na Bíblia o nome, "Hebreu", mas somente um dos dois nomes, "Israel" ou "Judeu".

A origem do nome, "Hebreu", é que houve uma antiga nação provavelmente famosa que usou esse nome, uma vez que o versículo (Génesis, 10:21) apresenta perante nós o nome do filho de Noé como o pai da nação: "E para Shem, o pai de todos os filhos de Ever". Abraão o patriarca era dessa nação, que é o porquê das nações lhe chamarem "Abraão o Hebreu", tal como em "e disse Abrão o Hebreu" (Génesis, 14:13).

Por esta razão, antes de Israel se tornar uma nação entre as nações, eles eram chamados "Hebreus", segundo a nação de Abraão o patriarca, o Hebreu. Embora os filhos de Israel fossem distintos no Egito como uma nação separada, tal como em "Eis, o povo dos filhos de Israel é demasiado e demasiado poderoso para nós; vinde, deixai-nos lidar com eles sabiamente, caso se venham a multiplicar" (Êxodo, 1:10). Porém, esse nome é como o nome de uma tribo, e não de uma nação, pois eles se tornaram uma nação somente depois de terem chegado à terra de Israel. Disto devemos concluir que é por isso que as nações não nos desejam chamar "a nação Israelita" até se tivéssemos chegado à terra, de modo a não admitir nossa existência enquanto nação. Eles o enfatizaram ao nos chamarem "Hebreus", como nos haviam chamado antes de chegarmos à terra.

Não é por acaso que o nome, "Hebreu", se encontra ausente na Bíblia e na subsequente literatura, exceto em relação a servos e criadas, a quem o nome, "Hebreu", persistentemente se apega: "escravo Hebreu", "criada Hebraica". Mas nunca encontraremos um "escravo Israelita" ou um "escravo Judeu". Esta justaposição é provavelmente uma relíquia da escravatura no Egito, a qual somos ordenados a recordar (Deuteronômio, 5:15), "E vos recordareis que fostes escravos no Egito".

Até hoje a maioria das nações se referem a nós como "Judeus" ou "Israelitas", e somente a nação Russa ainda se relaciona a nós como "Hebreus". Supostamente, os odiosos a Israel entre eles instalaram este rótulo entre eles com a má vontade de negar seu nacionalismo daí, tal como os povos antigos. Parece que haviam mergulhado no sentido deste nome de longe mais que nós, que o assumimos inconscientemente devido a ser usado na língua Russa, sem muito exame. Sucede-se de tudo o mencionado que se nos desejamos respeitar a nós mesmos devemos deixar de usar o termo, "Hebreu", em relação a qualquer pessoa livre entre nós.

Certamente, em respeito ao nome da língua, se tivéssemos uma origem histórica, uma língua que a antiga nação Hebraica falou, talvez lhe pudéssemos chamar "Hebraico". E, todavia, não encontrei uma única evidência histórica de que esta nação antiga falou esta língua.

Por esta razão, devemos considerar a literatura Talmudista, que é mais próxima da origem que nós em quinze séculos. Entre eles, foi inequivocamente aceite que os antigos Hebreus não usaram esta língua de todo. Eles disseram, "No princípio a Torá foi dada a Israel nas letras Hebraicas e na língua sagrada. Ela lhes foi dada uma vez mais nos dias de Ezrá, nas letras Assírias e na língua Aramaica. Israel haviam selecionado para si mesmos as letras Assírias e a língua sagrada, e deixaram os incultos com as letras Hebraicas e a língua Aramaica" (Sanhedrin, 21b). Assim, aprendemos de suas palavras que somente as letras chegaram até nós dos Hebreus, mas não a língua, porque eles disseram, "Letras Assírias e a língua sagrada" e não "Letras Hebraicas e a língua".

Encontramos (Megillá, p 8), "Inversamente, uma Bíblia que está escrita em tradução, e uma tradução que está escrita como Bíblia, e as letras Hebraicas não violam as mãos". Logo, enfatizaram eles "tradução que está escrita como Bília, e letras Hebraicas". Eles não dizem, "Tradução que está escrita em Hebraico, e as letras Hebraicas", como diz o Mishná (Yadaim, 4:5). Isto em "correspondência" é retirado de lá de modo a nos ensinar que somente as letras são atribuídas aos Hebreus, e não a língua.

Também, não há evidência das palavras do Mishná porque parece que lá houve influência Romana sobre o texto. Mas quando memorizavam o Mishná, fizeram as precisões adequadas.

De acordo, encontramos que várias vezes os Tanaim se referiram à língua como "a língua sagrada". Uma delas foi (Livro de Bênção, 13), "Todos aqueles que moram na terra de Israel, e leem a Shemá matinal e noturna, e falam a língua sagrada, merecem o mundo vindouro". Também, (Shekalim, fim do Capítulo 3), "Aprendemos de Rabbi Meir que todos aqueles que estão permanentemente na terra de Israel e falam a língua sagrada..." etc.

Até se assumirmos que podemos encontrar certa fonte histórica de que os antigos Hebreus falaram esta língua, isso não nos obriga a nomenclar esta língua segundo eles, uma vez que não há rasto desta nação entre os vivos. Como dissemos, este nome não acrescenta à nossa dignidade nacional, e somente nossos inimigos o anexaram a nós de propósito, para descartar e zombar da imagem dos bens da nação. Assim, devemos também evitar seguir a língua Inglesa, que chama à nação "Judeus", e à língua "Hebraico".

Devemos também determinar que nome se adequa melhor a nós: "Judeus" ou "Israelitas". O nome, "Israel", deriva de nosso pai, "Jacó", que, como está escrito, tem o nome segundo uma expressão de poder e honra: "Vosso nome não mais será chamado Jacó, mas Israel; pois vos haveis esforçado com Deus e com os homens e haveis prevalecido" (Génesis, 32:29). É segundo ele que nos chamamos "Israel".

Contudo, depois do Rei Salomão, a nação se dividiu em duas: as dez tribos, que ordenou Jeroboão filho de Nebate, e as duas tribos, Judá e Benjamim, que permaneceram sob o reinado de Roboão, filho de Salomão. O nome, "Israel", permaneceu com as dez tribos, e as duas tribos,

Judá e Benjamim, assumiram para si mesmas o nome, "Judeus", como encontramos na história de Ester: "Houve um certo Judeu em Shushan o castelo, cujo nome era Marduqueu o filho de Jair e filho de Shimei o filho de Kish, um Benjamita". Portanto, a tribo de Benjamim também se chamava a si mesma "Judeus".

As dez tribos foram exiladas da terra muito antes do exílio de Judá, e desde então não houve rasto delas. O exílio de Judá, os que foram exilados para a Babilónia, regressaram para a terra passados setenta anos de exílio e reconstruíram a terra. Foi por isso que durante o período do Segundo Templo, o nome "Judeus" é mencionado mais frequentemente, e o nome "Israel", é mencionado apenas raramente, sob condições extraordinárias.

Nós, os descendentes do exílio do Segundo Templo, também nos chamamos principalmente pelo nome, "Judeus", uma vez que somos do exílio do Segundo Templo, os descendentes das duas tribos, Judá e Benjamim, que deram a si mesmas o nome, "Judeus" e não "a nação Israelita" ou "Israel", que é o nome das dez tribos.

E a respeito da língua, devemos certamente escolher a "língua Judaica", e não a "língua Israelita", pois não encontramos na Bíblia este estado construído de "língua Israelita", em oposição ao mencionado "Judeu": "eles não sabiam como falar Judeu" (Neemias, 13:24), e também, "E Deus disse ... 'falai agora para vossos servos em Aramaico, pois nós o entendemos; e não falai conosco em Judeu nas orelhas do povo que estão no muro'" (2 Reis, 18).

Em vez disso, devemos salientar que é por isso que eles negam sua língua, "Judaica", uma vez que o povo do Rei Ezequias se chamava "Judeus", bem como aqueles que vieram do exílio da Babilónia. Mas as dez tribos, que foram chamadas "Israelitas", também chamadas segundo sua língua, "língua Israelita". E, todavia, até se assumirmos que isto assim é, ainda assim não é razão para nós, os descendentes de Judá e Benjamim, chamarmos a nossa língua "Israelita".

Para resumir o que dissemos, tanto à nação e à língua devem ser somente dados o nome de Judá. A nação deve ser chamada "Judeus", e a língua, "Judeu". Esta linguagem de jargão deve ser chamada "Ídiche". Somente a terra pode ser chamada "a terra de Israel", pois ela é a herança de todas as tribos.

Crítica do Marxismo à Luz da Nova Realidade, e uma Solução para a Questão a Respeito da Unificação de Todas as Facções da Nação

Foi-me pedido para oferecer uma solução, de acordo com minha visão, a respeito do doloroso problema de unir todos os partidos e facções ao redor de um fundo uniforme. No começo, devo admitir que não tenho solução para esta questão do modo como foi apresentada. Nem alguma vez haverá uma solução para ela, como sábios homens de todas as nações e com o passar das eras o testaram, mas não encontraram uma solução natural que seja aceite por todas as facções entre eles. Muitos sofreram, e muitos sofrerão até antes de encontrarem o caminho dourado que não contradiz as visões entre eles.

A dificuldade da questão é que os homens não conseguem abdicar de seus ideais de todo, uma vez que um pode fazer concessões quando isso diz respeito à sua vida material, à extensão que isso é necessário para a sua existência física, mas assim não é com ideais. Por natureza, idealistas darão tudo o que têm pelo triunfo da sua ideia. E se têm de abdicar de seus ideais até um pouco, essa não é uma honesta concessão. Em vez disso, eles ficam alerta por um tempo em que podem reclamar o que lhes pertence. Deste modo, tais compromissos não podem ser confiados.

Tanto mais assim é com uma antiga nação, com uma civilização que tem milhares de anos. Seus ideais já se desenvolveram nela muito mais que nas nações que se desenvolveram muito mais recentemente, então não há esperança ou que se pareça que venham a ser capazes de se comprometer com isto, nem sequer um pouco. É pouco sábio pensar que no final, a ideia mais justa venha a vencer sobre as outras ideias, uma vez que com o tempo todas elas estão certas, pois "não há um homem sem seu lugar, nem um assunto sem uma hora", como nossos sábios afirmaram.

Por esta razão, ideais continuam a reaparecer. Ideais que foram desacreditados em tempos antigos reapareceram na Idade Média, e uma vez que foram desacreditados na Idade Média, foram reanimados na nossa geração. Isto indica que todos eles estão corretos, e nenhum deles é eterno.

Mas embora as nações do mundo sofram terrivelmente deste alarido, elas ainda têm uma forte espinha que as permite tolerar este terrível fardo. De algum modo isso não ameaça imediatamente sua existência. Mas o que pode uma pobre nação fazer quando sua inteira existência depende das migalhas e sobras que as nações jogam sobre eles pela sua mercê assim que estão totalmente saciados? Suas costas são demasiado frágeis para carregar o fardo deste alarido, especialmente neste tempo decisivo em que nos encontramos precisamente à beira do abismo, não é um tempo para vaidade, disputas e guerra interna entre irmãos.

À luz da gravidade da hora, tenho uma solução genuína para sugerir, a qual creio merecer aceitação e que unirá todas as facções entre nós numa única unidade. Contudo, antes de começar a apresentar minha sugestão, gostaria de colocar as mentes dos leitores descansadas a respeito de minhas visões políticas.

Devo admitir que vejo a ideia socialista de divisão igual e justa como a mais verdadeira. Nosso planeta é rico o suficiente para prover para a todos nós, então porque devemos travar esta trágica guerra até à morte, que tem obscurecido nossas vidas durante gerações? Compartilhemos entre nós o trabalho e o seu produto igualmente, e acabemos com todos os problemas! Afinal, que prazer derivam sequer os milionários entre nós de suas posses senão a segurança de seu sustento para eles e seus descendentes de várias gerações em diante? Mas num regime de divisão justa eles também terão a mesma certeza e até mais.

E caso venham a dizer que não têm o respeito que tinham enquanto eram donos de propriedade, isso, também, nada é, pois, todos esses fortes que ganharam o poder para merecer respeito enquanto proprietários certamente encontrarão a mesma quantia de honra noutro lugar, pois os portões da competição nunca estarão fechados.

Certamente, por muito verdadeiro que este ideal possa ser, eu não prometo a seus aderentes sequer uma migalha de paraíso. Muito pelo contrário, lhes são garantidos terem apuros como no inferno, como a prova viva da Rússia já nos ensinou. Porém, isto não nega a exatidão deste ideal.

Seu único defeito é que para nós ainda é imaturo. Por outras palavras, nossa geração não está ainda moralmente pronta para aceitar este governo de justa e igual divisão. Isto assim é porque não tivemos tempo suficiente para aceitar o lema, "de cada um de acordo com suas aptidões, a cada um de acordo com suas necessidades".

Isto é como o pecado de Adam ha Rishon (o Primeiro Homem). Nossos antigos sábios explicaram que o pecado foi porque ele "comeu fruto imaturo", antes que tivesse suficientemente maduro. Por essa minúscula má ação o mundo inteiro foi condenado à morte. Isto nos ensina que este é o antepassado de todo o dano no mundo.

As pessoas não sabem como estarem atentas e observarem todas as coisas para ver se amadureceram suficientemente. Embora o conteúdo de uma matéria possa ser vantajoso, devemos mergulhar ainda assim mais profundamente para ver se está maduro, e se os receptores cresceram o suficiente para o digerir nos seus intestinos. Enquanto ainda se desenvolvem, o verdadeiro e salutar se tornará prejudicial e enganador nos seus intestinos. Assim, estamos condenados a perecer, pois aquele que come fruto imaturo morre pelo seu pecado.

À luz disto, o entrelaçamento Russo não provou que o ideal socialista é essencialmente injusto, pois eles ainda precisavam de tempo para aceitar esta verdade e justiça. Eles ainda não são qualificados para se comportarem em correspondência; são somente magoados pelo seu desenvolvimento insuficiente e falta de aptidão para este ideal.

É vantajoso dar ouvidos às palavras de M. Botkovsky (Davar, nº 4507). Ele pergunta, "Porque não faria um político, um membro do movimento socialista, como esse médico, que, quando enfrentado pelas imparidades na interpretação aos quais foi acostumado nas leis de ferro de sua teoria, não se impediu de abandoná-la? Primeiro, ele gentilmente tentou remendá-la, e finalmente, quando não mais conseguia enfrentar a realidade, estava preparado para jogá-la fora".

Explica ele: "Num tempo de ruína do Movimento Internacional Trabalhista, devemos limparnos do preconceito. Quando factos falam a língua da derrota, devemos sentar-nos na secretária uma vez mais e examinar vigorosamente a conduta e seus princípios. Devemos reconhecer responsavelmente o fardo sobre os ombros daqueles que prosseguem.

"Assim é a conduta do pensamento cientifico quando encurralado pelas contradições entre a nova realidade e a teoria que explicou a velha realidade. Somente uma descoberta ideológica permite uma nova ciência e uma nova vida".

Conclui ele: "Se não renunciarmos a nossa consciência, declararemos que o tempo chegou para um debate fundamental, um tempo de dores de parto. Agora é a hora para os líderes do movimento se levantarem e responderem à questão: 'O que significa o socialismo hoje? Qual é a conduta pela qual as empresas se devem reger'"?

Duvido que qualquer um no movimento responda a suas palavras, ou talvez seja capaz de compreender suas palavras como elas são verdadeiramente. Não é fácil que um homem de cem anos de idade que foi tão bem-sucedido nos seus estudos até então se levante e de súbito risque uma linha pela sua passada teoria, se sente na secretária, e resuma seus estudos como esse médico, como o camarada Botkovsky exige dos líderes do movimento socialista.

Todavia, como ignorais vós suas palavras? Embora seja ainda possível se sentar em inércia a respeito da ruína do Movimento Internacional Trabalhista, uma vez que não enfrentamos imediata destruição, ainda lhes é assegurada uma medida de vida de servos submissos e escravos; isto assim não é a respeito do perigo que o Movimento Trabalhista Hebraico enfrenta. Eles enfrentam verdadeiramente a aniquilação sob o slogan do inimigo "destruir, matar e causar perecimento ...pequenas crianças e mulheres", como durante o tempo da Rainha Ester.

Não devemos comparar o nosso estado de ruína com o do movimento entre as nações do mundo. Se fosse somente a venda à escravatura e servidão, ainda continuaríamos, tal como eles. Todavia somos negados até da segurança da vida dos escravos.

Logo, não devemos deixar o momento passar. Devemos frequentar a escola uma vez mais, reexaminar o ideal socialista à luz dos factos e contradições que vieram à superfície nos nossos dias, e não temer o quebrar de vedações ideológicas, pois nada impede o caminho de salvar vidas.

Por este propósito, vou rever de forma abreviada a evolução do socialismo desde suas fases iniciais. Em geral, há três eras: A primeira foi o socialismo humanista baseado no desenvolvimento da moralidade. Ele estava apontado somente aos exploradores.

A segunda foi baseada no reconhecimento do justo e do mal. Ela estava apontada principalmente aos explorados, para os trazer a perceber que os trabalhadores são os verdadeiros donos do trabalho e que o produto da sociedade lhes pertence. Uma vez que os trabalhadores são a maioria na sociedade, estavam certos que assim que percebessem que são justos, se levantariam como um e pegariam no que lhes pertence, e estabeleceriam um governo de justa e igual divisão na sociedade.

A terceira é o Marxismo, que teve mais sucesso que todos eles, e que é baseado no Materialismo Histórico. A maior contradição entre as forças criativas, que são os trabalhadores e aqueles que os exploram, os empregadores, necessitam que a sociedade derradeiramente venha ao perigo e destruição. Então a revolução virá na produção e distribuição. O governo capitalista será forçado à ruína a favor do governo do proletariado.

Na sua visão, este governo tem de emergir por si mesmo, por meio de causa e consequência. Mas de modo a trazer o fim mais cedo ainda assim, conselhos devem ser procurados, e obstáculos devem ser colocados perante o governo burguês, para trazer mais cedo a revolução.

Antes de começar a criticar o seu método, devo admitir que seu método é o mais justo de todos os seus predecessores. Afinal, testemunhamos o grande sucesso que teve em quantidade e qualidade pelo mundo antes de chegar à experimentação prática entre os muitos milhões na Rússia. Até então, praticamente todos os líderes da humanidade foram atraídos a ele, e este é um verdadeiro testemunho da justiça do seu método.

Além do mais, até teoricamente, suas palavras têm mérito, e nenhum foi capaz de contradizer sua posição retórica que a humanidade se dirige lenta e gradualmente acima, como se numa escada. Cada passo é senão a negação do seu anterior, assim cada movimento e fase que a humanidade assumiu no governo político é senão um repudio do seu estado precedente.

A duração de cada fase política é precisamente o tempo que leva até revelar seus defeitos e mal. Enquanto descobrindo seus defeitos, isso abre caminho para uma nova fase, liberada destes fracassos. Logo, estes impedimentos que aparecem numa situação e a destroem são as próprias forças da evolução humana, pois elas elevam a humanidade a um estado mais corrigido.

Em acréscimo, os defeitos na próxima fase trarão a humanidade a um terceiro e melhor estado. Assim, persistindo sucessivamente, estas forças negativas que aparecem nas situações são as razões para o progresso da humanidade. Através delas, ela sobe os degraus da escada. Eles são confiáveis para realizar seu dever, que é trazer a humanidade ao último e mais desejável estado da evolução, purificada de qualquer infâmia e defeito.

Neste processo histórico, ele demonstra-nos como o governo feudal demonstrou seus defeitos e foi arruinado, abrindo caminho para o governo burguês. Agora é a hora do governo burguês mostrar seus defeitos e ser arruinado, abrindo caminho para melhor governo ainda, que de acordo com ele, é o governo do proletariado.

Porém, neste último ponto, onde ele nos promete que após a ruína do presente governo burguês, um governo do proletariado será imediatamente instalado, aqui há um defeito no seu método: A nova realidade perante nós nega-o. Ele pensou que o governo do proletariado seria um passo subsequente ao governo burguês, e assim determinou que ao negar o governo burguês, o proletariado seria estabelecido instantaneamente. Todavia, a realidade prova que o passo que se segue à ruína do presente governo é aquele dos Nazis ou Fascistas.

Evidentemente, estamos ainda na idade média do desenvolvimento humano. A humanidade ainda não alcançou o mais alto nível da escada da evolução. Quem pode assumir quantos mais rios de sangue estão prestes a ser derramados antes que a humanidade alcance o desejado nível?

Em prol de descobrir uma saída desta complicação, devemos cuidadosamente perceber a supramencionada lei de evolução gradual sobre a qual baseou ele seu método inteiro. Devemos saber que esta lei é inclusiva para a criação inteira; todos os sistemas da natureza são baseados nela, orgânicos e inorgânicos em semelhança, até à espécie humana com suas qualidades idealistas, bem como os materiais.

Em tudo o mencionado, não há nenhum que não obedeça à lei de ferro da evolução gradual resultando da colisão entre estas duas forças uma com a outra: 1) uma força positiva, ou seja construtiva, e 2) uma força negativa, ou seja negativa e destrutiva.

Elas criam e complementam a realidade inteira, em geral e particular, através de sua dura e perpétua guerra uma com a outra. Como acima dissemos, a força negativa aparece precisamente no fim de cada fase política, elevando-a a um estado melhor. Logo, as fases seguem-se uma à outra até que alcancem sua perfeição derradeira.

Tomemos o planeta Terra como exemplo: Primeiro, ele era senão uma bola de fogo ardente e gás. Através da gravidade dentro dele, com o tempo, ela concentrou os átomos dentro dela num círculo mais fechado. Como resultado, a bola de gás tornou-se uma bola de fogo líquido.

Com éons de terríveis guerras entre as duas forças da Terra, a positiva e a negativa, a força de arrefecimento nela foi finalmente triunfante sobre a força do fogo líquido. Ela arrefeceu uma fina crosta ao redor da Terra e lá endureceu.

Contudo, o planeta não havia ainda crescido da guerra entre as forças, e passado algum tempo a força líquida do fogo dominou e irrompeu num grande tumulto a partir das entranhas da Terra, subindo e quebrando a fria e dura crosta em pedaços, transformando o planeta de volta a uma bola líquida de fogo. Então uma era de novas guerras começou até que a força fria dominou a força do fogo uma vez mais, e uma segunda crosta foi arrefecida ao redor da bola, mais dura, densa e mais durável contra o irromper dos fluídos de entre a bola.

Desta vez durou mais, mas por fim, as forças líquidas dominaram uma vez mais e irromperam das entranhas da Terra, quebrando a crosta em pedaços. Uma vez mais, tudo foi arruinado e se tornou uma bola líquida.

Assim, éons se intercambiaram e cada vez que a força de arrefecimento prevalecia a crosta que havia feito se tornava mais densa. Finalmente, as forças positivas dominaram as negativas e chegaram à harmonia completa: Os líquidos assumiram seu lugar nas entranhas da Terra e a fria crosta se tornou densa o suficiente ao seu redor para permitir a criação de vida orgânica sobre ela, como ela é hoje.

Todos os corpos orgânicos se desenvolvem pela mesma ordem. Desde o momento em que são plantados até ao fim do seu amadurecimento, atravessam vários períodos de situações devido às duas forças, a positiva e a negativa e sua guerra de uma contra a outra, como descrito a respeito da Terra. Estas guerras produzem o amadurecimento do fruto.

Também, toda a coisa viva começa com uma minúscula gota de fluído. Através de gradual desenvolvimento durante várias centenas de fases através da supramencionada luta de forças, ela finalmente se torna "Um grande boi, adequado a toda a obra", ou "Um grande homem, adequado a todos seus papeis".

Contudo, deve ainda haver outra distinção entre o boi e o humano: Hoje, o boi já alcançou sua fase final de desenvolvimento. Para nós, contudo, a força material ainda é insuficiente para nos trazer à completude devido ao poder contemplativo em nós, que é milhares de vezes mais valioso que a força material em nós. Assim, para os humanos há uma nova ordem de desenvolvimento gradual, ao contrário de com qualquer outro animal: o desenvolvimento gradual do pensamento humano.

Também, sendo uma criatura social, o desenvolvimento individual não é suficiente. Em vez disso, a perfeição final de um depende do desenvolvimento de todos os membros da sociedade. Em respeito ao desenvolvimento da capacidade intelectual de um, nomeadamente a habilidade de discernir o que é bom e o que é mau para ele, embora não devamos pensar que o homem se encontra ainda na fase de um homem primitivo, é claro que ainda não alcançámos a perfeição. Em vez disso, ainda estamos no meio do nosso desenvolvimento, ainda dados à guerra entre as forças positiva e negativa, como foi dito a respeito da Terra, que são fieis mensageiros de seu papel de trazer a humanidade à sua completude final.

Como já disse, uma vez que o ideal socialista é o mais justo de todos os métodos, ele ainda exige uma geração altamente desenvolvida que possa processá-lo e se comporte de acordo. Uma vez que a humanidade de hoje ainda se encontra no meio do dos degraus da escada do desenvolvimento, ainda no meio do conflito entre as forças positiva e negativa, ela ainda é desadequada a esta sublime ideia. Em vez disso, ela é prematura nela, como um fruto imaturo. Assim, não só é de amargo sabor, mas a força negativa nele é também prejudicial e mortal veneno. Este é o apuro dessa nação, pelo qual ela tanto sofre, pois eles são prematuros e carecem das qualidades elementares adequadas para este justo governo.

O leitor não deve suspeitar que tenho qualquer conceito espiritual a este respeito, pois o próprio Marx diz a mesma coisa: Ele admite que "no primeiro nível da sociedade, deficiências são inevitáveis". Contudo, ele promete que "no mais alto nível da sociedade cooperativa, assim que a crassa hierarquia de pessoas na divisão do trabalho tenha desaparecido, juntamente com a contradição entre o trabalho físico e trabalho espiritual, quando o trabalho em si mesmo se torne uma necessidade e não um meio de provisão, quando juntamente com o desenvolvimento multifacetado da personalidade, forças de produção crescerão e todas as fontes da sociedade fluirão abundantemente, então a estreita perspectiva burguesa desaparecerá e a sociedade escreverá sobre sua bandeira: 'De cada um de acordo com sua habilidade, a cada um de acordo com suas necessidades.'" (Devido à pertinência das palavras de nossa discussão, copiei este excerto na totalidade.)

Assim, ele, também, admite que não faz sentido esperar que um governo completamente justo antes que a humanidade alcance o seu mais alto nível, antes que o trabalho em si mesmo se torne uma necessidade vital, ou seja o princípio da vida, e não pelo propósito da provisão. Contudo, ele determina que enquanto a sociedade se encontra num baixo nível, ela deve ser conduzida por um governo cooperativo, por todos os seus defeitos.

Mas como foi dito acima, este é o atraso neste método. A Rússia Soviética já provou que uma sociedade insuficientemente desenvolvida inverterá o governo cooperativo no pior governo do mundo. Além do mais, ele assumiu que a fase subsequente para a ruína do governo de hoje é o governo dos trabalhadores, mas na realidade demonstrou que o governo subsequente ao governo de hoje é o Nazi ou governo fascista. Este é um grave erro. E pior de tudo, sua completude, em grande, ameaça especificamente a nação Judaica, sem qualquer diferenciação de classes.

Devemos certamente aprender da história. Primeiro surge a questão: Tal supervisor que abalou o mundo com seu método, como cometeu ele tão grave erro? Qual é o obstáculo que o tropeçou? Certamente, isto ordena uma séria e meticulosa consideração de suas palavras.

Como foi acima dito, ele baseou seu método sobre o materialismo histórico, que a sociedade se desenvolve através de suas forças conflituosas por meio de causa e consequência, de estado para estado. Quando a força negativa prevalece, ela arruína o estado e um estado melhor emerge no seu lugar através da força positiva. Elas continuam a combater até que eventualmente a força positiva apareça na totalidade.

Porém, isto significa que a perfeição da sociedade está garantida por defeito, uma vez que a força negativa não a deixará até que ela a traga à completude. Sucede-se que podemos nos sentar em inércia e aguardar o antecipado autodesenvolvimento. Então porque todo este apuro desta táctica que ele colocou perante nós?

Certamente, esta é uma tola questão, pois esta é a inteira diferença entre o homem e besta: Todos os animais dependem inteiramente da natureza. Eles são absolutamente incapazes de promover a natureza ou se ajudarem a si mesmos sem ela. Assim não é com o homem. Ele é dotado de poderes intelectuais pelos quais ele se liberta dos grilhões da natureza e a promove. Seu caminho é emular a obra da natureza e fazer em semelhança. Ele não precisa de esperar que os pintos choquem naturalmente, que a galinha venha e aqueça os ovos. Em vez disso, ele constrói para si mesmo uma máquina que aquece os ovos e choca os pintos, tal como a galinha natural.

E se ele faz isto em coisas especificas, ele certamente o fará em respeito ao desenvolvimento do todo da humanidade. Ele não dependerá das forças conflituosas, ao ele se tornar um objeto de suas colisões. Em vez disso, ele avançará a natureza e cuidadosamente emulará sua obra neste desenvolvimento. Ele organizará para si mesmo uma boa e conveniente táctica para trazer o final feliz em menos tempo e com menos sofrimento.

Era isto que Marx queria com sua táctica: a organização, os Conflitos de Classes, e colocar obstáculos para minar o regime capitalista. Sua táctica acalmaria as dores dos sujeitos sofredores e o pisar sobre suas costas. Isso os revigoraria a serem seus próprios sujeitos e apressarem o fim do regime retrogrado para o feliz governo do proletariado. Numa palavra, a táctica Marxista torna objetos em sujeitos, estabelecendo para eles desenvolvimento como eles desejam.

Sumário: A base é a natureza do desenvolvimento humano através de conexão casual, a qual vemos como uma máquina natural para o desenvolvimento. A táctica é uma espécie de máquina artificial para o desenvolvimento humano, semelhante à máquina natural. O benefício da táctica é poupar tempo e diminuir a agonia.

Agora podemos começar a crítica ao seu método de uma maneira simples. É claro que quando queremos fazer uma máquina que substitua o trabalho da natureza, primeiro precisamos de observar de perto o mecanismo da natureza. Subsequentemente, podemos montar um mecanismo artificial, semelhante à máquina natural.

Por exemplo, se queremos fazer uma máquina que substitua a barriga de uma galinha, que aquece os ovos e choca os pintos, devemos primeiro cuidadosamente compreender as forças da natureza e modos de desenvolvimento, que operam na barriga da galinha. Observando-os, nós fazemos uma máquina semelhante a uma barriga de galinha, que possa chocar pintos em semelhança.

Isso é semelhante a respeito do nosso assunto. Quando queremos fazer uma máquina que substitua a máquina do desenvolvimento natural, aqui, também, primeiro devemos examinar essas duas forças, positiva e negativa, que operam na natureza. Esta é uma máquina pela qual a natureza realiza desenvolvimento de procedimento. Então nós, também, saberemos como estabelecer uma táctica que seja semelhante ao mecanismo da máquina natural de desenvolvimento, e que seja tão justa e bem-sucedida em desenvolver a humanidade. Claramente, se mal interpretarmos o mecanismo da máquina natural, nosso substituto será inútil, uma vez que toda a ideia é mimetizar os caminhos naturais da criação e adaptar artificiais no seu lugar.

Para ser original, para definir os assuntos em termos que prevenirão quaisquer erros cometidos por qualquer parte, devemos definir as duas forças, positiva e negativa, operando na máquina do desenvolvimento humano pelos dois nomes: "egoísmo" e "altruísmo".

Não me refiro aos termos morais a respeito delas, que vulgarmente usamos. Em vez disso, somente ao aspecto material delas, ou seja, a extensão à qual elas estão enraizadas no corpo do homem até ao ponto de um não se conseguir libertar a si mesmo delas. Isto é, em respeito ao seu serem forças ativas numa pessoa: 1) A força egoísta funciona numa pessoa em semelhança a raios centrípetos[uma força que aponta para o centro num movimento circular], os atraindo de fora de uma pessoa, e eles se reúnem dentro do próprio corpo. 2) A altruísta serve como raios centrífugos [uma força que se direciona para o exterior num movimento circular], que flui de dentro do corpo para fora.

Estas forças existem em todas as partes da realidade, em cada uma de acordo com sua essência. Elas também existem no homem, de acordo com sua essência. Elas são os fatores chave em todas as nossas ações. Há factos que são causados por uma força que serve a própria existência individual de um. Esta é como a força que atrai da realidade externa para o centro do corpo qualquer coisa que seja benéfica para si mesma. Se não fosse esta força, que serve um, o objeto em si mesmo não existiria. Esta é chamada "egoísmo."

Correspondentemente, há factos que são causados por uma força que flui em direção a beneficiar corpos fora de si mesma. Esta força trabalha para beneficiar os outros e ela pode ser chamada "altruísmo".

Com estas distinções, chamo às duas forças que lutam uma com a outra no caminho do desenvolvimento humano. Chamarei à força positiva, uma "força altruísta", e chamarei à força negativa, uma "força egoísta".

Com o termo "egoísmo", não me refiro ao egoísmo altruísmo original. Em vez disso, refiro-me ao "egoísmo estreito". Isto é, o egoísmo original nada é mais que amor-próprio, que é o poder positivo de existência individualista de um. Nesse respeito, ele não está em oposição à força altruísta, embora ele não a sirva.

Porém, e a natureza do egoísmo que a maneira de o usar o torna muito estreito, uma vez que ele é mais ou menos obrigado a adquirir uma natureza de ódio e exploração dos outros em prol de tornar a sua própria existência mais fácil. Também, este não é ódio abstrato, mas um que aparece em ações de abusar do seu amigo pelo seu próprio benefício, se tornando mais lamacenta de acordo com seus graus, tais como enganar, roubar, furtar e assassinar. Este é chamado "estreito egoísmo", e nesse respeito ele está em oposição a, e é o completo oposto ao amor aos outros. Ele é uma força negativa que destrói a sociedade.

Seu oposto é a força altruísta. Esta é a força construtiva da sociedade, uma vez que tudo o que um faz pelo outro é feito somente pela força altruísta, como dito acima. Também, ela ascende nos seus graus: 1) Os primeiros factos desta força construtiva são ter filhos e vida familiar. 2) Os segundos são beneficiar parentescos. 3) O terceiro é beneficiar o estado, e o quarto é beneficiar o mundo inteiro.

A inteira causa da estruturação social é a força altruísta. Como dito acima, estes são os elementos que operam na máquina natural do desenvolvimento da humanidade, a força egoísta, que é negativa para a sociedade e a força positiva altruísta, que é positiva para a sociedade.

Nesta emulação da máquina natural do desenvolvimento, Marx considerou somente os resultados destas forças negativa e positiva, que são a construção e destruição que tomam lugar na sociedade. Ele estabeleceu um plano de sua táctica de acordo com eles e negligenciou o que causa estes resultados.

Isto e semelhante a um médico que não repara na causa raiz de uma doença, mas cura o paciente somente de acordo com seus sintomas superficiais. Este método faz sempre mais mal que bem, uma vez que deveis tomar ambas em consideração: a causa da doença e a doença em si mesma e então podeis passar um remédio bem-sucedido. A mesma deficiência existe na táctica Marxista: Ele não tomou em consideração as forças subjetivas na sociedade, mas somente a construtiva e os defeitos.

Como resultado, a direção de sua táctica foi oposta à direção proposta, pois enquanto a direção proposta é altruísta, a direção da táctica era o contrário. Está claro que o governo cooperativo deve ser conduzido numa direção altruísta, uma vez que as próprias palavras, "justa divisão", contêm uma pura percepção altruísta e são completamente desprovidas da estrutura do egoísmo.

O egoísmo esforça para usar o outro inteiramente para si mesmo. Para si mesmo, não há justiça na realidade ou que se pareça, quando ele não trabalhar para seu próprio bem. A própria palavra, "justiça", significa "relações mútuas e justas", que é um conceito a favor do outro. E à mesma extensão que ela reconhece a titularidade do outro, ela necessariamente perde seu próprio direito egoísta.

Sucede-se que o próprio termo, "justa divisão", é um altruísta. Factualmente falando, é impossível remendar as diferenças que surgem na sociedade com a justa divisão, senão por altruísmo exagerado. Isto assim é porque a recompensa pelo trabalho espiritual é maior que aquela do trabalho físico e o trabalho do veloz é maior que que o do lento e um solteiro deve receber menos que aquele que tem uma família. Também, as horas laborais devem ser iguais para todos e o produto do trabalho deve ser igual para todos. Certamente, como remendamos estas diferenças?

Estas são as principais diferenças, mas elas dividem-se em miríades de outras diferenças, como elas nos aparecem na peça Soviética. A única maneira de as remendar é através da boa vontade altruísta, onde trabalhadores espirituais abdicam de alguma da sua quota em favor dos trabalhadores físicos e solteiros a favor dos casados ... ou como o próprio Marx o colocou, "O trabalho em si mesmo deve se tornar uma necessidade imperativa e não meramente um meio de provisão". Isto não é menos que uma direção completamente altruísta.

E uma vez que o regime proposto deve ser na natureza altruísta, é necessário que a táctica que aponta para essa meta deva ser também na mesma direção que a meta, nomeadamente uma direção altruísta.

Porém, na táctica Marxista, encontramos a mais estreita direção egoísta. Esta é a direção oposta da meta: o nutrir de ódio pela classe oposta, colocando obstáculos e arruinando o velho regime, e cultivando entre os trabalhadores uma sensação de que o mundo inteiro desfruta às custas do seu trabalho. Todos estes intensificam demasiado as estreitas forças egoístas inerentes neles por natureza. E se a táctica é na direção oposta à meta, como um alguma vez a alcançará?

Esta engendrada contradição entre sua teoria e a nova realidade: Ele pensou que a fase subsequente ao regime burguês seria um regime cooperativo de trabalhadores, mas no fim somos testemunhas vivas de que se o governo democrático burguês fosse agora arruinado, um regime Nazi e fascista prontamente se levantaria no seu lugar. Também, ele não acabará necessariamente através da presente guerra, mas quando quer que o governo democrata seja arruinado, um rei Nazi, fascista, o herdará.

Não há dúvida que se fosse isto a acontecer, os trabalhadores seriam empurrados para trás mil anos. Teriam de esperar que vários regimes surgissem por causa e consequência antes que o mundo retornasse ao regime burguês democrata de hoje. Tudo isto surgiu da táctica egoísta que foi dada a esses sujeitos que deveriam ser o governo dos trabalhadores e conduziram o movimento na direção oposta à meta.

Devemos também tomar em consideração que todos esses que arruínam o processo natural do justo governo na realidade vêm do proletariado e emergiram do seu meio, e não necessariamente os Soviéticos, mas a maioria dos Nazis foram também inicialmente também puros socialistas. Até o próprio Mussolini era inicialmente um entusiasta líder socialista. Isto completa o quadro, como a táctica Marxista conduziu os trabalhadores na direção completamente oposta à meta.

Certamente, e difícil determinar que tão direto assunto fosse negligenciado pelo criador do método Marxista, especialmente uma vez que ele mesmo determinou que "Não há remédio para a sociedade cooperativa antes que a crassa hierarquia na divisão do trabalho e conflitos entre trabalho físico e espiritual desapareçam. " Assim, é claro que ele estava consciente que uma sociedade cooperativa sem a abdicação completa dos membros de suas quotas em favor dos seus semelhantes é insustentável.

E uma vez que ele sabia desse elemento altruísta que é mandatário na sociedade, direi que ele não pretendia de todo oferecer-nos um procedimento proposto com sua táctica. Em vez disso, ele pretendia principalmente apressar, através de sua táctica, o fim do presente governo injusto, por um lado e pelo outro lado, organizar o proletariado internacional e os preparar para serem uma forte e decisiva força quando o regime dos burgueses fosse arruinado. Estes dois são fundamentais nas fases que facilitam o regime de uma sociedade cooperativa.

Nesse respeito, sua táctica é uma invenção genial, do género da qual não encontramos na história. E a respeito do estabelecimento da sociedade feliz, ele confiou na própria história para a completar, pois era claro para ele que em tempos difíceis em que o regime burguês começa a morrer, a organização do proletariado se encontrará a si mesma não preparada para assumir governo. Nessa altura os trabalhadores terão de escolher uma de duas opções: 1) ou se destruírem a si mesmos e deixarem os verdadeiros destruidores, os Nazis e os fascistas, assumirem o elmo do governo, ou 2) encontrarem uma boa táctica pela qual qualificar os trabalhadores para assumirem governo nas suas próprias mãos.

Na sua mente, ele estava certo que quando chegarmos a um estado em que o proletariado internacional se juntar em um poder decisivo no mundo, lhe agradeceremos a validade do seu método, que nos trouxe até aqui, e nós mesmos procuraremos o modo de continuar a avançar para a meta. Certamente, nunca houve um inventor que não deixasse a completude da sua obra aos seus sucessores.

Se olharmos mais fundo para seu método veremos que, de facto, ele não podia inventar para nós a táctica para completar a qualificação dos trabalhadores, pois são dois procedimentos que se contradizem um ao outro. Para criar o mais veloz movimento e aniquilar os governos de abusadores, ele tinha de usar o procedimento na direção do mais estreito egoísmo, ou seja, desenvolver profundo ódio para a classe dos abusadores de modo a aumentar o poder negativo num instrumento que consegue destruir o velho regime no tempo mais rápido possível e organizar os trabalhadores com fortes laços.

Por esta razão, ele teve de desenraizar e neutralizar a força altruísta no proletariado, cuja natureza é tolerar e conceder aos seus abusadores. Para qualificar os trabalhadores no "socialismo prático", para que eles pudessem assumir o governo de facto, ele teve de usar o procedimento na direção altruísta, que contradiz o "procedimento organizacional". Logo, ele deve ter deixado este trabalho para nós de propósito.

Ele não duvidou do nosso entendimento ou habilidade uma vez que o assunto era tão direto que um governo cooperativo é viável somente sob uma base altruísta, para que tivéssemos de adoptar uma nova táctica na direção altruísta e qualificássemos os trabalhadores para assumir governo com suas mãos de uma maneira prática e sustentável. Porém, para comentar sobre isso, ele achou necessário descrever para nos a forma do governo justo do proletariado nas palavras abreviadas, "Sociedade tornará seu lema, 'De cada um de acordo com suas habilidades, a cada um de acordo com seu trabalho". Logo, até uma pessoa totalmente cega acharia que estas palavras que significam governo justo são inconcebíveis senão numa sociedade altruísta no completo sentido da palavra.

Dessa perspectiva, o Marxismo não encontrou qualquer confrontação devido à não sucedida experiência Russa. E se o Marxismo tivesse sido impedido, isso é somente porque seu papel no primeiro ato foi completado, nomeadamente a organização do proletariado internacional numa força. Agora devemos encontrar uma maneira prática para qualificar o movimento a na realidade assumir o governo para suas mãos.

Como dito acima, o presente procedimento deve estar na oposição completamente oposta da anterior táctica. Onde havíamos cultivado egoísmo excessivo, que foi muito bem-sucedido no primeiro ato, agora devemos cultivar altruísmo excessivo entre os trabalhadores. Isto é absolutamente mandatário para a natureza social do regime cooperativo. Assim, conduziremos o movimento com confiança ao seu papel prático de assumir o governo nas suas próprias mãos na sua forma feliz e final.

Sei que não é o mais fácil trabalho inverter a direção do movimento para que todos aqueles que o escutem sejam queimados por isso como se pela água a ferver. Todavia, não é assim tão mau como é retratado. Podemos trazer o movimento ao reconhecimento através de adequada explicação que o interesse da classe depende disto, "ou ele persiste ou ele perece", ou continuamos o movimento Marxista ou entregamos as rédeas do governo para os Nazis e fascistas, as forças mais perigosas de governo dos trabalhadores, que apresentam risco de regressão em mil anos.

Quando as massas compreenderem isto, é certo que elas facilmente adoptarão a nova e prática táctica que as conduz para a própria posse de governo. Quem não se lembra de como o mundo inteiro ansiosamente aguardava o fim bem-sucedido do regime Soviético? E não tivessem sido eles malsucedidos, o mundo indubitavelmente estaria sob as rédeas do governo cooperativo. Certamente, os Russos não podiam ter sucesso possível porque a direção organizacional à qual as massas estão acostumadas é a egoísta, que é necessária no primeiro ato, e por natureza, ele é um poder que destrói o governo cooperativo.

Antes que o método seja aceite, é demasiado cedo para falar em detalhe sobre o programa prático desta direção, especialmente porque o ensaio se tornou já demasiado longo. Abreviadamente, podemos dizer que devemos montar tal disseminação, cientifica e praticamente, que seja certa de instalar na opinião pública que qualquer membro que não tenha sucesso no altruísmo é como um predador que é desadequado a estar entre humanos, até que um se sinta a si mesmo dentro da sociedade como um assassino e ladrão.

Se sistematicamente nos envolvermos em circular esta matéria usando os meios adequados, não será necessário processo tão longo. O Hitlerismo prova que dentro de um curto período de tempo, um país inteiro foi virado de cabeça para baixo através de propaganda e aceitou sua bizarra noção.

Agora que factos históricos clarificaram o caminho certo pelo qual o proletariado deve avançar doravante, urgentemente apelo aos nossos trabalhadores. Como acima dissemos, as nações do mundo podem esperar, especialmente agora que há agitação global e nos devemos livrar do perigo Hitleriano. Mas não temos tempo a perder. Peço que prontamente prestais atenção a este novo método que propus e a que chamarei "socialismo prático", pois até agora o papel do socialismo, na minha visão, foi meramente "socialismo organizacional", como acima dito.

Se meu método for aceite, também mudaremos a táctica externa, onde em vez da velha arma do ódio de classes e ódio da religião, lhes será dada uma nova arma de ódio ao egoísmo excessivo dos proprietários. Ela é bem-sucedida para sua tarefa de todo o ângulo porque não só será a classe oposta incapaz de se defender usando os densos escudos da moral e dogmas religiosos, ela também desenraizará no caminho várias nocivas ervas daninhas do Nazismo e fascismo que se enraizaram fortemente entre o próprio proletariado, arriscando sua existência, como acima dito.

Devemos também tomar em consideração a beleza desta arma, que é a mais atiçadora e pode unir nossa juventude ao seu redor. De facto, a mudança não é tanto na táctica, mas somente no resultado. Até agora, quando lutaram contra a privação da classe, o combatente sempre olha através da sua estreita perspectiva egoísta e possessiva, pois ele protege sua própria posse. Logo, juntamente com esta guerra, a força egoísta excessiva aumenta nele, e os próprios guerreiros são apanhados na mesma perspectiva burguesa.

Ela é também muito diferente da abordagem dos proprietários, pois eles acreditam que têm o direito completo de todos os lados, pela lei, religião e ética, se protegendo a si mesmos com todos os meios. Contudo, quando combatendo contra o egoísmo dos proprietários usando a ampla perspectiva de uma percepção altruísta, o resultado é que o poder do altruísmo cresce dentro deles em proporção ao nível de seu combate. Logo, a titularidade dos proprietários se torna muito defeituosa e não se conseguem defender a si mesmos, pois este tipo de guerra depende fortemente da ética e percepção religiosa dos próprios proprietários.

Assim, meu método tem a base para a união nacional, pela qual estamos tão sedentos neste tempo. Presumivelmente, a própria história já quebrou muitas das partições políticas entre nós, pois agora não conseguimos mais distinguir entre não-Sionistas, Sionistas espirituais, sionistas políticos, Sionistas territoriais, etc. Agora que todas as esperanças de respirar ar fresco fora de nosso país foram quebradas, até os mais devotos não-Sionistas se tornaram, por necessidade, completos Sionistas práticos. Logo, em princípio, a maioria das diferenças entre nós foram remendadas.

Contudo, ainda sofremos de duas terríveis partições: 1) partição de classes; 2) partição religiosa. Não devemos descuidar destas ou que se pareça, nem podemos esperar alguma vez nos livrarmos delas. Contudo, se meu novo método de "socialismo prático", o qual sugeri, for aceite pelo movimento, nos livraremos de uma vez por todas da rivalidade de classes, também, que tem estado presa nas costas de nossa nação.

103

Como acima dissemos, a nova táctica usa muito da religião e não visa apontar para os pecadores abusadores, mas somente aos seus pecados, somente ao desprezível egoísmo dentro deles. Na verdade, essa mesma guerra se revelará em parte dentro do movimento, também, que necessariamente abolirá o ódio entre classes e o ódio religioso. Obteremos a habilidade de nos compreender uns aos outros e alcançaremos completa união da nação com todas as suas facções e partidos, como este tempo perigoso de todos nós requer. Esta é a garantia para nossa vitória em todas as frentes.

A Respeito Da Questão Do Dia

Nós nos cansámos das peças contraditórias de informação que recebemos cada dia a respeito de Itália se juntar à guerra. Uma vez, nos é prometido que Mussolini não se atreveria a combater com os Aliados, e outra, que ele está prontamente a se juntar à guerra. Mudanças ocorrem diariamente, e os nervos estão arruinados. Todas as indicações demonstram que todas estas peças de informação são editadas e apresentadas a nós por uma fábrica Hitler-Mussolini, cuja única meta é enfraquecer nossos nervos.

De uma maneira ou de outra, devemos procurar abrigo deles. Devemos prontamente nos afastar de todas estas velhas peças de notícias e tentar seguir os fatores condutores e todas estas aventuras por nós próprios, para que possamos compreender de todos eles esses movimentos perplexos de Hitler-Mussolini.

Mas principalmente, devemos anotar o contrato de seu acordo. É sabido que assinaram dois contratos: O primeiro foi meramente um acordo político, ao qual chamaram o "Eixo Roma-Berlim". Seu conteúdo é ajuda política reciproca e divisão de certas áreas de influência entre eles. Sucedendo a este acordo, Hitler forneceu ajuda política a Mussolini na sua guerra na Etiópia, e Mussolini fez em semelhança por Hitler nas suas aventuras pré-guerra e continua a fazer. 2) Perto do irromper da guerra, eles fizeram um segundo pacto militar, cujo conteúdo desconhecemos. Contudo, em geral, sabemos que se comprometeram a ajuda militar recíproca.

Há provas suficientes para assumir que eles não se comprometeram a travar a guerra juntos prontamente, como com o acordo Inglaterra-França. Este acordo foi inteiramente criado sob a iniciativa de Hitler, pela qual ele desejava se assegurar a si mesmo de qualquer apuro que possa vir, caso ele esteja numa crise militar e em necessidade da assistência da Itália. Em tal altura, o acordo compromete a Itália a vir em sua ajuda, seguindo o convite de Hitler, e naturalmente, sob certas condições a respeito da divisão dos gastos.

Mas essencialmente, Hitler não pensou que precisasse da assistência militar da Itália. Houveram duas razões para isso: 1) Ele estava confiante da sua força e não confiou nas habilidades militares da Itália. 2) O anterior acordo político, também, o "Eixo Roma-Berlim", já lhe assegurou substancial ajuda militar, uma vez que por meras manobras políticas a Itália poderia ocupar muitas das forças dos seus inimigos nas fronteiras da Itália. Isto não está longe de assumir um papel ativo na guerra. Logo, ele não tinha desejo de todo de incluir Mussolini na sua guerra. O pacto militar que havia feito com ele foi somente em caso de uma crise militar, que poderia comprometer Mussolini a vir à sua ajuda explicitamente seguindo o convite de Hitler e a iniciativa não estaria nas mãos de Mussolini de todo.

Em correspondência, Mussolini esperava concretizar através desta guerra todos os seus planos fascistas de reinstalar o antigo Império Romano. Ele não podia esperar por uma melhor oportunidade senão combater sua guerra junto com Hitler. Indubitavelmente, ele está ansioso pelo momento em que Hitler que peça para se juntar a ele na guerra. Presumivelmente, Hitler não perdeu a fé no seu poder e por enquanto não tem qualquer desejo de o incluir na guerra, ou colocando-o diferentemente, de compartilhar os gastos com ele.

Deste modo se segue que enquanto não sentirmos que há uma verdadeira crise entre os exércitos de Hitler, não temos nada a temer das ameaças de Mussolini e suas preparações para a guerra. Elas não são nada senão manobras militares retorcidas intencionadas a impedir os Aliados nas suas fronteiras e enfraquecer o poder dos Aliados na frente tanto quanto o possível, de acordo com as condições do contrato "Eixo Roma-Berlim". (Enquanto escrevendo, informação chegou de que a Itália se havia juntado à guerra, então o ensaio foi parado a meio. Terminaremos o artigo de acordo com a presente realidade.)

Agora que a entrada da Itália na guerra se tornou um facto, muito foi clarificado, se discutimos de acordo com a linha que descrevemos. Agora sabemos de certeza que na última batalha, Hitler chegou a uma verdadeira crise lá e seus poderes se encontram totalmente esgotados. Inversamente, não há dúvida que ele não incluiria a Itália na guerra. Por esta razão, a entrada da Itália na guerra são boas notícias, de espécies, a respeito da queda da Alemanha. Esperamos que a assistência da Itália não a salve, também, e agora a vitória dos Aliados esteja mais certa que nunca.

Palco Público

Aqui oferecemos espaço no nosso jornal para um "palco público" para qualquer um que discuta os assuntos nacionais e especialmente a unificação da nação. Também, qualquer um com um assunto importante nacional, ou um plano para unir a nação, bem como argumentos que examinem estes assuntos, estamos dispostos a usá-los e os publicar no nosso jornal.

Os Editores

Leituras Adicionais

O Zohar: anotações ao Comentário do Ashlag

A sabedoria da Cabalá ensina como perceber e viver a realidade que se propaga diante de nós. Ela constitui um método sistemático que tem evoluído ao longo de milhares de anos, cultivado por pessoas cuja tarefa era assegurar que a verdadeira sabedoria pudesse ser oferecida para aqueles que estivessem prontos para recebê-la.

O Livro do Zohar (O Livro do Esplendor) é uma fonte de sabedoria eterna e base para toda a literatura cabalista. Desde seu aparecimento há quase 2.000 anos atrás, ele tem sido a fonte primária, e muitas vezes a única, usada pelos cabalistas.

Por séculos a Cabalá foi ocultada do público, que não era considerado ainda pronto para recebê-la. Contudo, a nossa geração acabou sendo designada pelos Cabalistas com a primeira pronta para reter os conceitos contidos no O Zohar. Agora, podemos pôr em prática estes princípios em nossas vidas.

Os três pilares da Cabalá, Rabi Shimon Bar-Yochai (autor de O Livro do Zohar), o Santo ARI (autor de A Árvore da Vida) e o Baal HaSulam (Rabi Yehuda Ashlag, autor de Sulam [Escada], comentários ao O Livro do Zohar) concordam que desde o final do Século XX, os ensinamentos da Cabalá se tornariam disponíveis para todos, sem restrições.

Escrito em uma linguagem metafórica e única, O Livro do Zohar enriquece a compreensão da realidade, além de expandir a nossa visão de mundo. Contudo, este texto não deve ser lido da mesma forma que outros.

Ele deve ser lido, com paciência. Cada frase deve ser repetidamente lida, para extrair as nuances do texto. O leitor deve tentar penetrar nos sentimentos do autor.

Embora o texto trabalhe com um único tema — como se relacionar com O Criador — ele o aborda de diferentes ângulos, o que permite a cada um de nós encontrar uma passagem ou palavra específica, que terá capacidade de nos conduzir a sabedoria atemporal.

O Sábio Coração: Contos e Alegorias por três Sábios Contemporâneos

"Nosso trabalho interior é a afinar os nossos corações e os nossos sentidos para perceber o mundo espiritual", diz Michael Laitman no poema, "Onda Espiritual". O Sábio de coração é uma antologia amorosamente trabalhada composta de contos cabalísticos e alegorias passando pelo Dr. Michael Laitman e seus mentores Rav Baruch Ashlag (Rabash) e o pai do Rabash,

Rav Yehuda Ashlag (autor do aclamado Sulam, um comentário sobre o livro do Zohar).

O desejo de um estudante de Cabala é alcançar níveis mais altos de realização espiritual, mas é difícil imaginar as sensações do mundo espiritual.

Os versos nesta compilação reflexiva e perspicaz dá ao leitor uma visão da essência desse estado elevado de ser.

Os poemas aqui são trechos de cartas e de lições dadas por estes três líderes espirituais. Eles oferecem representações inspiradoras e muitas vezes divertidas da natureza humana que ressoam com o leitor, independentemente do seu nível de estudo. Na verdade, O Sábio Coração é uma ferramenta para qualquer estudante que procura encontrar níveis mais elevados de realização espiritual.

Shamati

Entre todos os textos e anotações do Rabi Baruch Shalom Halevi Ashlag (o Rabash), havia um caderno especial que ele sempre carregava. Este caderno continha as transcrições de suas conversas com seu pai, o rabino Yehuda Leib Halevi Ashlag (Baal HaSulam), autor do comentário Sulam (Escada) sobre O Livro do Zohar, O Estudo das Dez Sefirot (um comentário nos textos do Cabalista, Ari), e de muitos outros trabalhos sobre Cabalá.

Não se sentindo bem na véspera do Ano Novo judaico, em setembro de 1991, Rabash convocou seu aluno principal e assistente pessoal, Michael Laitman, à sua cabeceira e entregou-lhe o caderno. Na capa lia-se apenas uma palavra, Shamati (Eu ouvi)). Quando ele entregou o caderno lhe disse: "Leve -o e aprender com ele. "Na manhã seguinte, ele morreu nos braços de Laitman, deixando-o e muitos de seus outros alunos sem orientação neste mundo.

Comprometido com o legado deixado por Rabash de espalhar a sabedoria da Cabalá, Laitman publicou o caderno exatamente como foi escrito, mantendo assim os poderes de transformação do texto. Entre todos os livros da Cabalá, o Shamati é uma composição original e atraente, cujo poder persiste por muito tempo após o término da leitura.

Cabalá para o Estudante

Os maiores Cabalistas contemporâneos, Rav Yehuda Ashlag, e seu filho e sucessor, Rav Baruch Ashlag, dão respostas válidas para a questão mais fundamental da vida: Qual é o sentido da minha vida? Com base nas suas interpretações de O Livro do Zohar, e A Árvore da Vida, agora podemos aprender e nos beneficiarmos da sabedoria da Cabalá em uma base diária.

Além de textos autênticos desses grandes Cabalistas, este livro oferece ilustrações que retratam fielmente a evolução dos Mundos Superiores como os Cabalistas os experimentam, bem como vários ensaios úteis para melhorar a nossa compreensão dos textos.

No livro Cabalá para o Estudante, Rav Michael Laitman, PhD, assistente pessoal do Rav Baruch Ashlag e estudante privilegiado, compilou todos os textos necessários para um estudante de Cabalá para alcançar os mundos espirituais. Em suas aulas diárias, Rav Laitman baseia seus ensinamentos nesses textos inspiradores, ajudando os novatos e veteranos entenderem melhor o caminho espiritual que realizamos em nossa jornada fascinante para os reinos mais superiores.

O Cabalista

Este romance é sobre Baal HaSulam, um dos maiores Cabalistas de todos os tempos. Baal HaSulam escalou todos os 125 degraus de realização espiritual.

Ele obteve uma conexão completa com o poder que governa o mundo. Ele viveu no século XX e previu tudo o que aconteceu. Ele apaixonadamente desejava salvar a humanidade de futuros desastres e aflições. É por isso que ele escreveu para nós uma interpretação completa de O Livro do Zohar.

Podemos observar as ações de um Cabalista, mas é praticamente impossível penetrar no seu mundo interior. Esta história é uma tentativa de compreender o homem interior e mostrar que não existem milagres, além daquele que uma pessoa se transforma.

Contato:

1057 Steeles Avenue West, Suite 532

Toronto, ON, M2R 3X1

Canada

Bnei Baruch USA,

2009 85th street, #51,

Brooklyn, New York, 11214

USA

E-mail: info@kabbalah.info

Web site: www.kabbalah.info

Ligação Gratuita válido para os Estados Unidos e Canadá:

1-866-LAITMAN

Fax: 1-905 886 9697

www.ingramcontent.com/pod-product-compliance
Lightning Source LLC
Chambersburg PA
CBHW080419290526
45791CB00008BA/2338